**Hélène Frédéric,**
**Martine Malinsky**

# Martin
## Eine Kindertherapie

Aus dem Französischen
übersetzt von Hilde Weller

**–Klett-Cotta–**

Wir danken Michelle de Wilde für ihre
wertvolle Mitarbeit sowie für
ihren Anteil an der Gestaltung dieses Buches

# Inhalt

Vorwort . . . 9
Einleitung . . . 16
1 Martins Geschichte . . . 17
Kommentar: Eine Vor- und eine Hauptgeschichte . . . 25
2 Der erste Besuch . . . 27
Kommentar: Vertrauen oder Beunruhigung? . . . 30
3 Die Behandlung beginnt . . . 33
Kommentar: Nicht ausgeschlossen sein . . . 36
4 Die Angst vor ihrem Urteil belastet mich . . . 38
Kommentar: Verantwortlich, aber nicht schuldig . . . 40
5 Die Reaktionen der Familie . . . 45
Kommentar: Die Lust am Beißen . . . 47
6 Ist die Flasche gut oder schlecht? . . . 49
Kommentar: Wieder zum Baby werden . . . 52
7 Bambi . . . 58
Kommentar: Die Gelegenheit ergreifen . . . 60
8 Die Geschichte des kleinen Mädchens . . . 62
Kommentar: Die beunruhigenden Veränderungen . . . 64
9 »Mein Bauch platzt!« . . . 65
Kommentar: Verkehrte Welt . . . 66
10 Die Lust am Bemuttern . . . 68
Kommentar: Zusammen glücklich sein . . . 70
11 Der Traum vom Menschenfresser . . . 72
Kommentar: Mütter fressen ihre Kinder nicht . . . 74

12 Die Krokodile . . . 76
Kommentar: Das Recht, sich zu verteidigen . . . 79
13 Plötzlich kann er lesen . . . 81
Kommentar: Dem Vater ähneln . . . 84
14 Ich mische mich zu oft ein . . . 86
Kommentar: Hören und verstehen . . . 89
15 Die Hexe ist im Wandschrank . . . 91
Kommentar: Ich akzeptiere es, die böse Mutter zu sein . . . 92
16 »Er verlangt nach Ihrer Liebe« . . . 93
Kommentar: Liebe und Bonbons . . . 96
17 Lieben ist doch einfach . . . 98
Kommentar: Martin hat sich von seiner Mutter gelöst . . . 103
Nachwort . . . 104

Martins Eindrücke und Erinnerungen . . . 105

Glossar . . . 108

# Vorwort

Martins Geschichte als Bericht, den zwei Stimmen abwechselnd vortragen, erinnert mich an den japanischen Film *Rashomon* mit seinen aufeinanderfolgenden Bildern von denselben Ereignissen, wie sie von verschiedenen Personen wahrgenommen werden. Man stellt sich vor, was der Film aus dem erstaunlichen Abenteuer machen könnte, das eine Kinderpsychotherapie jedesmal ist ... In diesem Buch lesen wir, von der Mutter und der Therapeutin aufgezeichnet, was sie Tag für Tag erlebt, ihrem Gedächtnis eingeprägt und in Worte zurückübersetzt haben. Der Verlauf der Behandlung, die seither vergangene Zeit und das, was sie zur Klärung der Erinnerungen beigetragen hat, die glückliche Entwicklung Martins – in all dem spiegelt sich eine in vieler Hinsicht beispielhafte Therapie wider, wird die von Martine Malinsky angewandte Methode präzise dargestellt.

Diese Form von Psychotherapie, die ich selbst seit vielen Jahren praktiziere, ist in der kinderpsychiatrischen Abteilung von Pierre Mâle, der ihr großer Anreger war, vervollkommnet, analysiert und ausgearbeitet worden. Sie enthält ein fundamentales Element – *die Anwesenheit der Mutter* –, durch das sich die ganze Atmosphäre und der Verlauf ändern. Vor allem deshalb, weil dem kleinen Kind von drei bis vier Jahren die Trennungsangst erspart bleibt. Man weiß, wie wichtig die Bindung des Säuglings an seine Mutter ist. Wie Winnicott gesagt hat, existiert er nur durch sie. Nach dem ersten Lebensjahr erweitert sich die Welt des Kindes beträchtlich, doch bleibt die Mutter darin weiterhin die zentrale Gestalt. Zwar sind bei vielen jungen Paaren heutzutage beide berufstätig, d. h. Mann und Frau arbeiten außerhalb des Hauses. Doch Vaterschaft und Mutterschaft bleiben zwei sehr unterschiedliche Rollen, und die klinische Erfahrung zeigt, daß Schwierigkeiten bei einem kleinen

Kind – seien es Schlaf-, Ernährungs- oder Verhaltensstörungen – insbesondere durch die Beziehung zur Mutter entstehen.

Martins Vater wird in der Therapie, beim Spiel, in den Worten seines Sohnes und seiner Frau stets gegenwärtig sein. Er wird mit der Therapeutin zu einer besonderen Unterredung anderswo zusammentreffen. Auch andere Personen werden an der Therapie Anteil nehmen: Martins Schwestern (die Geschwister spielen eine beträchtliche Rolle), die Großeltern, die Kindergärtnerin. Einige erscheinen immer wieder wie in einem chinesischen Schattenspiel, andere verkörpern die wichtigste Person, welche nach wie vor die Mutter ist.

Die während der gesamten Therapie anwesende Mutter versucht in jeder Behandlungsstunde die Beziehung zu ihrem Kind aufs neue an sich vorüberziehen zu lassen und sie auch selbst wiederzuerleben. In der Tat führt der Verlauf der Therapie das kleine Kind dazu, in seinen Spielen, seinen Gesten, seinen Worten das wieder auftauchen zu lassen, was den Hintergrund seiner ersten Lebensjahre bildete. Es erlebt die Bindungen von neuem, die es an seine Mutter knüpften, doch diesmal vermittels der Beziehung zur Therapeutin. Zu Beginn der Behandlung wird diese tatsächlich als die »gute Mutter« erlebt, die einen auf den Schoß nimmt und liebkost. Jetzt sieht die Mutter aus nächster Nähe, wie die gemeinsame Vergangenheit wiederauflebt. Ja, mehr noch, das Spiel ihres Kindes mit der Therapeutin weckt in ihr die Erinnerung an Erfahrungen der Vergangenheit. Verwirrt entdeckt sie nun auch Erlebnisse aus der eigenen Kindheit mit ihren Eltern neu. Martins Mutter macht, wie sie uns sagt, gleichzeitig selbst eine Therapie. Diese erlaubt es ihr sicherlich, besser zu unterscheiden und zu analysieren, was in ihr und um die Person der Therapeutin herum vorgeht, die zwei Rollen zu verkörpern hat: Sie muß im Hinblick auf Martin sich selbst und seine wirkliche Mutter repräsentieren.

Ein anderes entscheidendes Element dieser therapeutischen Methode – die *Regression*, die Rückkehr in die noch ganz nahe Vergangenheit – ermöglicht es dem kleinen Kind, seine ersten

Erfahrungen noch einmal zu erleben. In diesem Alter kann es sich an sie erinnern, wenngleich nicht in der Art und Weise eines Erwachsenen. Die Gesten, die mit der Nahrungsaufnahme verbunden waren, das Körper-an-Körper mit der Mutter bei der Befriedigung all seiner täglichen Bedürfnisse sind ihm noch vor Augen. Wenn man sieht, wie es die Flasche nimmt und saugt, fühlt man, daß die reale Erinnerung *vor* dem Bild, *vor* dem Wort aus einer kaum verlassenen archaischen Zone zurückkehrt. Mit drei Jahren findet das Kind sehr schnell die Welt der Wiege, der Arme seiner Mutter, die Zeit vor der Sprache wieder. Mit zehn oder zwölf Jahren bilden viele andere Erinnerungen einen Schirm, und niemals wird die Vergangenheit mit solcher Authentizität wiedererweckt. Das Auftreten von Regressionserscheinungen – babyhaftes Verhalten, Schreien etc. – wurde früher von Psychiatern gefürchtet; sie glaubten, daß sie den glücklichen Ausgang der Behandlung gefährdeten. Heutzutage fürchtet man sie nicht mehr: Winnicott, Balint, Mâle haben die positive Rolle von Regressionserscheinungen analysiert, so daß Therapien, in denen sie auftreten, nunmehr mit dem schrecklichen Wort »Regressivtherapien« bezeichnet werden.

Das Kind muß das, wodurch es ohne sein Wissen unbefriedigt, frustriert geblieben ist, reparieren und wiedererleben: Die »Grundstörung«, wie Balint es genannt hat, lastet noch auf ihm. Ohne diese Rückkehr in die bereits durchlebte Vergangenheit kann es sich davon nicht wirklich befreien.

Die Therapeutin erkennt diese Regression anhand zahlloser Details. Der Rahmen, den ihr Behandlungszimmer bietet, hilft dabei mit: Bettchen, Flasche, Puppen, Puppengeschirr, Bauklötze etc. sind in Reichweite. Doch auch die Geduld, das langsame Vorgehen der Therapeutin spielen eine wesentliche Rolle. Sie verfolgt die wiederholten Versuche des Kindes, ohne Druck auszuüben, und tastet sich mit ihrer Untersuchung langsam vorwärts. Martins Mutter bestaunt und bewundert immer wieder diese unerschütterliche Geduld von Martine Malinsky.

Schließlich wendet sich die Therapeutin dem Kind mit einer besonderen Sprache zu, deren Klang wichtiger ist als die Worte – einer Sprache nach Art einer Litanei, wie Mâle es genannt hat. Es ist die Sprache, in der die Mutter ihre ersten Gespräche mit dem Kind führt.

Die Mutter unterstützt die »Reparatur« des Kindes; sie identifiziert sich einmal mit der Therapeutin, ein andermal mit dem Kind bei seiner Suche nach Zärtlichkeit, und sie repariert gleichzeitig den »Mangel«, der in ihrer eigenen Vergangenheit bestanden haben mag. Auch sie durchlebt aufs neue eine ganze Welt präverbaler Erfahrungen. Doch sie muß auch sprechen und Antworten auf ihre derzeitigen Fragen erhalten. Wir helfen der Mutter auch durch das, was Mâle »Erläuterungen mit Deutungswert« genannt hat. Martins Mutter wartet ungeduldig darauf, daß die Therapeutin mit ihr spricht, ihr erklärt, was vorgeht.

Diese Erklärungen sind notwendig, um die Schranken niederzureißen, die die Eltern unbewußt gegen den Verlauf der Therapie des Kindes errichten können. Sie mildern auch die Angst, die durch das geweckt wird, was sonderbar oder geheimnisvoll erscheinen mag.

Was Martine Malinsky sagt, hat in erster Linie die Bedeutung eines Kommentars. Die Deutung kommt im gegebenen Augenblick hinzu. In bestimmten Szenen von Martins Geschichte springt sie sogar ins Auge; Deutung ist jedoch nicht möglich, solange es um das gesamte Geschehen geht, das sowohl das Kind als auch Mutter und Therapeutin zu durchleben bereit sind. Die Deutung muß immer mit Vorsicht gehandhabt werden. Ist das nicht der Fall, besteht die Gefahr, daß die Therapeutin mit magischer Macht ausgestattet wird, die den Patienten vernichtet.

In der Geschichte Martins ist alles klar oder wird nach und nach geklärt: Orale, aggressiv-anale und später die ödipale Entwicklungsphase des Kindes zeichnen sich deutlich ab. Man darf aber nicht glauben, daß in jeder Behandlung alles stets so klar und einfach ist und daß die einzelnen Entwicklungsstufen immer so eindeutig sind.

Daß der Leitfaden der Entwicklung Martins von seiner Therapeutin so geschickt aufgenommen und weitergeführt werden konnte, ist in der Tat eher eine Seltenheit: Die meisten Therapien sind schwierig – ist es in gewisser Hinsicht nicht auch diese?

Eine der Klippen – die am häufigsten auftretende – ist die Art, wie sich das Kind durch sein *Spiel* ausdrückt. Die anwesenden Erwachsenen, Mutter und Therapeutin, sind aufmerksame Zeugen dieses Spiels; sie nehmen daran in gewisser Weise Anteil, dürfen aber nicht mitspielen. Die Therapeutin wahrt die nötige Distanz mühelos, der Mutter fällt dies weniger leicht: Sie ist versucht einzugreifen, das Kind in seinem Tun zu bremsen, es von dem abzulenken, was vielleicht wichtig sein könnte. Diese Haltung spiegelt sehr oft die Furcht wider, daß man ihr das Kind nehmen wolle. Martins Mutter ist trotz ihres intensiven Wunsches einzugreifen rücksichtsvoll genug und durch das Geschehen so aufgewühlt, daß sie ihren Sohn nicht beeinträchtigt. Zweifellos hat ihr ihre eigene Psychotherapie geholfen, sich die Rivalität, die sie gegenüber der Therapeutin empfindet, sowie die Gründe für dieses Gefühl bewußtzumachen. Sie konnte sich deshalb genügend beherrschen, um Martin bei seiner Suche nach sich selbst nicht zu stören. Es gibt aber Fälle, in denen die Mutter die Lust des Spiels mit dem eigenen Kind wiederfinden und sich als »gute Mutter« und selbst als »Therapeutin« zeigen möchte.

Die reale Anwesenheit der Mutter stellt bei dieser Methode eine weitere Schwierigkeit dar. Wenn der Psychoanalytiker seinem Patienten lauscht, bahnt sich ein Dialog an, von dem die anderen physisch ausgeschlossen sind, auch wenn von ihnen die Rede ist. Bei der hier beschriebenen Art der Behandlung eines kleinen Kindes wird »der andere« repräsentiert und ist zugleich wirklich da – eine Schwierigkeit, die sich als unüberwindlich erweisen kann, wenn die Mutter die Regression des Kindes oder ihre eigene und zudem die Beziehungen, die sich zwischen der Therapeutin und dem Kind anbahnen, nicht erträgt.

Die Therapeutin steht zunächst voll zur Verfügung; sie achtet aufmerksam auf das, was vorgeht; sie begibt sich auf die Entwicklungsstufe des Kindes. Aber sie muß auch mit der Mutter sprechen, unaufhörlich ihre Stimmlage verändern. Man kann für ein dreijähriges Kind nicht derselbe Gesprächspartner sein wie für eine dreißigjährige Frau. Bei diesem ständigen Hin und Her darf sie den entscheidenden Augenblick nicht vorübergehen lassen, der als solcher vielleicht gar nicht sofort erkannt werden mag.

Man muß dann unter Umständen zwei, drei Behandlungsstunden abwarten, damit man den Faden wiederaufnehmen kann, dieselben Bedingungen sich wiederherstellen lassen.

Natürlich tauchen auch noch andere Schwierigkeiten auf, doch uns scheint, daß wir den Zweck dieser kurzen Ausführungen verfehlen würden, wollten wir sie hier untersuchen. Trotz dieser Schwierigkeiten erbringt eine solche Therapie mit Kindern im allgemeinen sehr befriedigende Erfolge. Sie kann glücklicherweise nicht nur das Band zwischen Mutter und Kind neu knüpfen, sondern auch alle anderen Familienbeziehungen reparieren und neue Möglichkeiten der Kommunikation eröffnen. In der Geschichte Martins wie in der vieler anderer war schon die Schwangerschaft der Mutter ein Signal für künftige Schwierigkeiten. Und zweifellos war Martin schon vor seiner Geburt durch die Gefühle seiner Mutter in bezug auf ihn, durch ihre Angst, ihr Erbrechen, ihre Nervenanspannung gezeichnet. Damit soll gesagt werden, wie wichtig es wäre, den Müttern schon von Beginn der Schwangerschaft an psychologisch zur Seite zu stehen, wenn diese schwierig ist. Martins Psychotherapie begann sehr früh, sie hätte aber noch eher anfangen können.

Wer wäre beim Lesen der Geschichte dieses kleinen Jungen nicht bewegt, wer wäre dieser jungen Mutter nicht dankbar, die mit soviel ehrlicher Empfindung ihre Erfahrungen als Helferin bei der Behandlung ihres Sohnes schildert. Und aus jeder

Zeile sprechen die Zartheit, das intelligente Verständnis, Herz und Talent, die eine Ärztin wie Martine Malinsky einem kleinen Kind zur Verfügung stellen kann, um ihm seine Lebensfreude wiederzugeben.

Wir glauben, daß der Leser mit Hilfe dieses Buches Zugang zur bezaubernden Welt der frühen Kindheit finden wird.

Januar 1979 Alice Doumic-Girard

# Einleitung

Nach Abschluß der Psychotherapie ihres Sohnes wollte Frau Frédéric, die bei allen Behandlungsstunden anwesend gewesen war, ihre Erfahrungen mitteilen, um sie für andere Eltern nutzbar zu machen.

Über die psychotherapeutische Behandlung ist im allgemeinen wenig bekannt; sie weckt oft Angst, man hält sie für unnütz oder gar gefährlich. Deshalb möchte dieses Buch als Zeugnis einer gelungenen Therapie dazu beitragen, ihr den Anschein des Geheimnisvollen zu nehmen.

Frau F. hat ihre Erinnerungen einige Zeit nach der Beendigung der Behandlung zu Papier gebracht. Frau Dr. Malinsky war damit einverstanden, Frau F. auf diesem Wege zu begleiten und die wesentlichen Punkte der Therapie zu kommentieren. Die Psychotherapeutin hat anhand des von der Mutter verfaßten Textes gearbeitet. Ihre Erinnerungen stimmen im allgemeinen überein, und wenn sie einmal nicht übereinstimmen, erklärt die Psychotherapeutin warum.

Dieses Buch soll weder eine wissenschaftliche Studie noch ein stenographischer Rechenschaftsbericht über den Behandlungsverlauf sein; es will vielmehr die Wandlung und Entwicklung zu erklären versuchen, die das Kind und seine Umwelt durchgemacht haben.

# 1 Martins Geschichte

## Vorgeschichte

Martins Geschichte beginnt lange vor seiner Geburt. Ich hatte eine Tochter aus erster Ehe, Marie, und nach der Scheidung dieser Ehe hatte ich wieder geheiratet. Zwei Jahre nach der glücklichen, ersehnten Geburt eines Mädchens, Anne, wollten mein Mann und ich ein weiteres Kind haben, und da wir schon eine Tochter hatten, wünschten wir uns einen Jungen.

Ich entsinne mich, daß ich im Innersten fand, unser vollkommenes Glück drohe egoistisch zu werden. Ohne es recht zu begreifen, neigte ich ein wenig dazu, von einem weiteren Kind Schwierigkeiten für unser Leben zu erwarten.

Die Schwangerschaft begann viel unangenehmer als die letzte mit so furchtbarem Erbrechen, daß eine Isolierung erforderlich wurde. Nach mehreren Krankenhausaufenthalten verbrachte ich diese Zeit der Isolation dann bei meinen Eltern, die, über diese Schwangerschaft sehr glücklich, alles taten, um mir zu helfen, das Kind zu behalten. Das dauerte drei Monate. Dann fühlte ich mich plötzlich besser und kehrte nach Hause zurück.

Doch einen Tag später kündigte sich eine Fehlgeburt an. Zwei Ärzte waren außerstande, den Prozeß aufzuhalten. Meine Verzweiflung wegen der Unfähigkeit, dieses Kind zu behalten, für das ich drei Monate im Bett und isoliert zugebracht hatte, ist schwer zu beschreiben. Hoffnungslosigkeit und tiefer Kummer bemächtigten sich meiner, als der Fötus abging.

Ich verließ die Klinik, ohne daß ich das Kind hätte sehen, von ihm Abschied nehmen können; ich war zu schwach und niedergeschlagen, um den Arzt zu bitten, es mir zu zeigen. Als ich ihn fragte: »Ist es ein Junge oder ein Mädchen?« antwortete er mir: »Schauen Sie selbst, mich interessiert das nicht ...« Diese sadistische Äußerung war niederschmetternd, da er mir zugleich die geringste Bewegung verboten hatte; hinzu kam, daß ich niemals eine Antwort auf diese Frage erhielt. Ich habe darunter jahrelang schmerzlich gelitten. Daß ich mich nicht mit eigenen Augen vom Tode des Kindes überzeugt hatte, hat in mir mehr oder weniger bewußt das Gefühl geweckt, es lebe weiter – für mich blieb es stets lebendig. Immer wieder fragte ich meinen Mann, wie es denn gewesen sei, denn er hatte es gesehen. Auch er empfand großen Kummer, doch nicht jene Besessenheit, die mich nicht zur Ruhe kommen ließ: Was war dies für ein Kind gewesen? Was hätte aus ihm werden können? Ich konnte die durch diesen Tod verursachte Lücke nicht füllen, das Verlangen, dieses Kind zu kennen, nicht stillen; ich hatte ihm sogar einen Namen gegeben.

Ich erwähne dieses Ereignis, da es für Martins und meine eigene Geschichte eine beträchtliche Rolle gespielt hat. Unter anderem haben damals bei mir schwere Schlafstörungen begonnen.

## Die Schwangerschaft

Zwei Jahre später haben wir unseren Martin auf den Weg gebracht. Entschlossen, es diesmal gut zu machen und diese Schwangerschaft erfolgreich zu bestehen, hatte ich anfangs nur mit meinem Mann darüber gesprochen, um mich nicht in den Zustand einer »Schwangeren« zu versetzen und dadurch die Symptome der vorhergegangenen Schwangerschaft zu vermeiden. Aber leider drohte wiederum sehr früh eine Fehlgeburt, und wieder hatte ich unter Erbrechen von extremer Heftigkeit zu leiden. Sechs Monate lang habe ich das Bett gehütet. In den ersten drei Monaten war ich durch das ständige Erbrechen vollkommen benommen, und eine nie nachlassende Übelkeit raubte mir die Freude am Leben, mir, die ich im Begriff stand, Leben zu schenken . . .

Ich war wie weggetreten, unfähig, mich um den Haushalt, um meinen Mann, um unsere Tochter Anne zu kümmern, die sich tagsüber bei einer Freundin aufhielt, oder um meine zwölfjährige Tochter Marie, die vorübergehend bei ihrem Vater und ihrer Stiefmutter wohnte. Es schien mir, daß ich keine meiner Pflichten erfüllte.

Die Gefahr einer Fehlgeburt war stets gegenwärtig. Ich empfand es als sehr ungerecht, vor zwei Problemen auf einmal zu stehen: Erbrechen zu müssen mit dem Wissen, daß man das Kind behalten kann, war schwer genug zu ertragen, aber erbrechen zu müssen mit der Befürchtung, daß möglicherweise alles vergeblich sein würde – nein! Ich war so weit, daß ich mir wünschte, es möge lieber bald zu einer Fehlgeburt kommen, als daß ich noch monatelang dieses Martyrium durchzumachen hätte. Einen neuen Versuch der Isolierung bei meinen Eltern ertrug ich nur schwer. Trotzdem taten sie alles, um diese Zeit für mich so wenig schmerzlich wie möglich zu gestalten. Sie waren stärker daran interessiert, daß ich das Kind behielt, als ich es selbst in dieser Zeit war. Meine Fehlgeburt hatte sie sehr beunruhigt, und ganz allgemein nahmen sie an den Sorgen ihrer Kinder sehr großen Anteil.

Ich beantragte eine Abtreibung, die jedoch abgelehnt wurde. Das war zur Zeit vor dem Gesetz über den freiwilligen Schwangerschaftsabbruch. Als bald darauf eine Blutung eintrat, sagte man mir, daß eine Abtreibung in diesem Fall legal sei. Genau von diesem Augenblick an wollte ich nicht mehr abtreiben. Ich habe alles getan, was in meiner Macht stand, um das Kind zu behalten – jetzt, da ich nicht mehr dazu gezwungen, quasi in die Falle gegangen war. Ich traf diese Wahl aus freien Stücken.

Ich mußte noch lange liegen, aber das Erbrechen trat nun in immer größeren Abständen auf; ich wurde häufigen Hormonkontrollen unterzogen. Ich hatte die Zwangsvorstellung, daß das Kind anormal sei. Bei der geringsten Anstrengung überzeugte ich mich, daß es keine Blutung gegeben hatte. Dagegen erschien mir das Ende der Schwangerschaft geradezu wunderbar: Wenngleich schwach und füllig, fand ich es großartig, endlich wieder auf den Beinen zu sein... Nach sechs Monaten hatte ich aufstehen dürfen.

Nach der Entbindung schließlich – eine lange und schwierige Entbindung, die aber trotzdem dank der Methode der schmerzlosen Geburt und vor allem dank der Anwesenheit meines Mannes, welche ich als unentbehrlich empfand, ganz planmäßig verlief – war ich am Ende meiner Kraft.

Die Freude, einen Sohn zu haben, erfüllte mich nur für einige Augenblicke, doch dann, von einer ungeheuren Müdigkeit übermannt, verfiel ich in eine Depression, die die Ärzte veranlaßte, mir Besuche zu verbieten und das Stillen zu untersagen – wo ich doch soviel Milch hatte. Ich litt unter so starken Schuldgefühlen, weil ich nicht stillte, daß ich mit Martin erst acht Jahre später darüber sprach.

## Rückkehr nach Hause

Die Rückkehr nach Hause war sehr schwierig. Ich hatte starke Ängste und Schlafschwierigkeiten und war völlig erschöpft.

Martin spuckte nach einer Stunde alles wieder aus, was er getrunken hatte. Wenn wir ihn dann sauber gemacht hatten, gaben mein Mann und ich ihm wieder zu trinken, so daß wir schließlich Tag und Nacht Fläschchen zurechtmachten und seine Sachen wuschen.

Wir richteten nun eine Art Wachdienst ein, jeder einen Tag und eine Nacht – der eine wachte, während der andere schlief. Einen Monat lang haben wir praktisch nur jede zweite Nacht geschlafen; wer auf Wache war, wurde sieben- oder achtmal vom Schreien Martins geweckt. Ich kann diesen Alptraum kaum beschreiben: Man beginnt einzuschlummern und hört wie aus der Ferne das gefürchtete Schreien, bevor man wieder wach genug ist, um sich zu erheben...

Während dieser Wochen habe ich manchmal gewünscht, Martin möge nicht wieder aufwachen... Dieser Todeswunsch ihm gegenüber erfüllte mich mit Schrecken und Schuldgefühlen. Am Tage war ich so müde, daß ich ihn nur wenig und schlecht bemutterte. Mein Mann hingegen, der derselben Regelung unterworfen war, ertrug sie besser und »verlangte« von seinem Sohn weniger als ich.

Unsere Ärztin versuchte alles mögliche, um uns zu helfen. Doch wie sie uns bereits prophezeit hatte, hörte Martin erst nach einem Monat auf zu erbrechen, als ihm die Milch zu Brei verdickt gereicht werden konnte.

Ich hatte Angst, ihn zu waschen, vor allem seinen Penis, den ich für zerbrechlich und verletzlich hielt. Es war das erste Mal, daß ich es mit einem Jungen zu tun hatte.

## Die ersten Monate

Die Ernährungsprobleme bestanden fort, aber Martin erbrach nicht mehr. Nach und nach akzeptierte er festere Nahrung, die aber stets durchpassiert sein mußte. Er vertrug nicht das kleinste Klümpchen oder Stückchen, außer den kleinen süßen Biskuits.

Wenn ich seine Windeln wechselte, sagte ich manchmal halb lachend, halb ernst: »Was für ein schwieriges Kind du doch bist!« und rief dabei Anne als Zeugin an. Da sie sehr eifersüchtig war, taten ihr solche kritischen Bemerkungen über Martin sehr wohl.

Was mich betraf, hielten die Schlafstörungen an. Ich hatte ungeheure Schwierigkeiten einzuschlafen; damit es gelang, durfte es nicht das leiseste Geräusch geben! Ich hatte einen leichten Schlaf; die Angst, wach zu werden und nicht genügend Schlaf zu bekommen, wurde zu einer regelrechten Besessenheit und überschattete mein Leben, meine Pläne, ja, selbst die häusliche Atmosphäre und meine Familienbeziehungen.

Martin entwickelte sich nach meinem Dafürhalten sehr langsam. Er saß spät, sprach spät. Ich beobachtete alle diese Verzögerungen mit größter Beunruhigung. War er normal? Dieser Gedanke war eine Folge meiner Ängste während der Schwangerschaft, und an dem Tag, als er zum ersten Mal ein Wort mit einer Vorstellung verband, habe ich vor Freude geweint!

»Endlich bin ich sicher, daß er nicht anormal ist ... Er sagte mir ›Tschüß‹, als ich ihm eines Abends die Hand gab, bevor ich ihn verließ.«

Nach diesen ersten schweren Monaten trat eine gewisse Beruhigung ein, die etwa bis zum dritten Lebensjahr anhielt. Ich hatte jedoch den sonderbaren Eindruck, daß seine frühe Kindheit eher der eines kleinen Mädchens als der eines kleinen Buben entsprach. Der Junge, der heranwuchs, wirkte auf mich weniger reizend als tolpatschig und lächerlich.

Als Martin achtzehn Monate alt war, hatten wir in den Ferien ein junges Au-pair-Mädchen, das sich sehr gut mit ihm beschäftigen konnte, auch nachts, da es in seinem Zimmer schlief. Ich fühlte mich daher sehr erleichtert. Er war im übrigen während dieser Zeit geistig und körperlich vollkommen auf der Höhe mit seiner hübschen kleinen Figur, seinen leuchtenden Augen, seinem lebhaften Wesen. Aber mir gelang es immer noch nicht, ihm gegenüber natürlich und offen zu sein. Ich konnte ihm einfach nichts abgewinnen.

## Martin mit etwa drei Jahren

In diesem Alter wurde Martin sehr aggressiv. Auch seine Ernährungsprobleme lösten sich nicht. Man mußte noch immer sämtliche Speisen durchpassieren, und er mochte absolut nichts Neues probieren. Ich versuchte mich damit zu beruhigen, daß ich mir sagte, es handle sich um ein in diesem Alter normales Oppositionsverhalten. Martin war seinen Schwestern und mir gegenüber unausstehlich und richtig brutal, weitaus weniger seinem Vater gegenüber. Vor allem aber benahm er sich einem neuen jungen Au-pair-Mädchen gegenüber ganz fürchterlich, das ihn wirklich als »Schreckgespenst« empfand. Er schlug uns, versetzte uns ohne Sinn und Verstand Fausthiebe, schrie völlig unerwartet los, zerrte an unseren Kleidern oder klammerte sich daran fest.

Zu dieser Zeit begann ich zu verstehen, daß Martins Schwierigkeiten im Umgang mit anderen ihren Ursprung vielleicht in der gestörten Beziehung zu mir hatten. Würden sich diese Schwierigkeiten durch eine Psychotherapie beheben lassen, der ich mich unterziehen und die mir die Lösung einiger meiner Probleme ermöglichen würde, womit zugleich auch Martin geholfen wäre? So machte ich also eine Entspannungstherapie mit, durch die es mir gelang, Martin besser zu ertragen. Ich schlief besser, war ruhiger und geduldiger. Nach und nach begann sich mein Leben zu ändern.

Während der Zeit kam Martin in den Kindergarten. Er war dreieinhalb Jahre alt, und auch im Kindergarten war er äußerst aggressiv. Wie zu Hause schlug er völlig hemmungslos und ohne Grund mit den Fäusten auf wen auch immer ein. Sehr bald beklagte sich die Leiterin, daß er mit außerordentlicher Impulsivität die Schwächsten angreife. Außerdem fand sie sein Verhalten heimtückisch: Er »trat nach unten«.

Auch zu Hause besserte sich die Situation nicht, die äußerst angespannt war. Mir gegenüber war Martin oft sehr »klebrig«; er konnte nicht von mir fortgehen, ohne in Geschrei auszubrechen. Er terrorisierte seine Vettern, wenn er sie traf. Seine Schwestern hielten es nicht mehr aus und auch das Au-pair-Mädchen litt weiterhin sehr unter seinem Verhalten. Außerdem hatte er nachts Alpträume.

In seiner geistigen Entwicklung machte er große Fortschritte, aber ich bemerkte es kaum, weil sein schwieriges Verhalten mein Denken beherrschte. Ich ergriff die Flucht, indem ich mir immer neue Tätigkeiten außerhalb des Hauses ausdachte, und neben meiner Arbeit nahm ich mein Studium wieder auf.

Nach langen Monaten des Überlegens und im Einverständnis mit unserer Ärztin entschlossen wir uns, Rat bei der Kinderpsychiaterin Frau Dr. Doumic-Girard zu suchen. Ich kannte sie bereits und hatte großes Vertrauen zu ihr.

Ich ging ohne meinen Mann zu der Verabredung, der es mir freistellte, mich beraten zu lassen und eine psychologische Behandlung für Martin in Angriff zu nehmen. Er selbst schien dies jedoch nicht für nötig zu halten – zweifellos, weil Martin ihm gegenüber weniger aggressiv und in seiner Gegenwart auch gegenüber anderen weniger aggressiv war.

Martin war nun etwas über vier Jahre alt. Frau Dr. Doumic-Girard schlug vor, Martin zunächst mit Beruhigungsmitteln zu helfen. Nach einigen Wochen riet sie mir, die Beruhigungsmittel zu reduzieren, sie dann nach und nach ganz abzusetzen und Martin psychotherapeutisch behandeln zu lassen. Sie schickte mich zu einer ihrer Schülerinnen, da sie ihn selbst nicht behandeln konnte. Ferner gab sie mir einige sehr bestimmte, stets zu beachtende Ratschläge, zum Beispiel den, unter keinen Umständen zuzulassen, daß Martin uns schlug. Ich wußte nicht mehr, wie ich mich in dieser Beziehung verhalten sollte. Tatsächlich war ich nach meiner eigenen Therapie sehr viel toleranter geworden. Ich ärgerte mich kaum, wenn er nach mir schlug; ich versuchte seine Schläge abzuwehren oder ihn auf andere Weise irgendwie abzulenken, statt ihm das Schlagen zu verbieten.

Sie sagte mir auch, daß ich mich auf der Straße dem Laufrhythmus Martins anpassen müsse. Ich veranlaßte ihn sicher, zu schnell zu gehen, und zeigte damit, daß ich zu sehr wünschte, er möge schon größer sein. Sie hatte vollkommen recht; tatsächlich zerrte ich Martin hinter mir her und ermahnte ihn, sich zu beeilen. Ich habe mich immer gefragt, wie sie das erraten hat: Gab es etwas in meiner Haltung, das sie darauf brachte?

Acht Tage später ging ich mit Martin zu Frau Malinsky, und hier beginnt nun unsere erstaunliche Geschichte.

# Kommentar: Eine Vor- und eine Hauptgeschichte

Frau Frédéric erzählte mir bei unserer ersten Begegnung sehr bewegt die Vorgeschichte und die eigentliche Geschichte Martins. Beide hat sie – wie überhaupt ihren ganzen Bericht – nach der Beendigung der Behandlung niedergeschrieben und sich dabei sehr um Authentizität bemüht. Aber sie sah sich selbst und Martin inzwischen anders als während der Therapie. Sie konnte daher deutlicher erklären, was sie damals noch verwirrt hatte. Außerdem hat sie, wie wir sehen werden, in ihrer Niederschrift bestimmte Tatsachen, bestimmte Szenen vergessen, während ihr andere in kleinsten Einzelheiten im Gedächtnis geblieben sind. Wir werden bei Gelegenheit darauf hinweisen.

Was mich betrifft, so sind die Kommentare, die ich heute schreibe, trotz meines Bemühens um Objektivität durch meine Kenntnis des gesamten Verlaufs der Therapie und durch die Angaben bestimmt, die mir Frau F. in der Folgezeit machen konnte.

Für das Verständnis der Entwicklung von Martins Therapie ist die Vorgeschichte von wesentlicher Bedeutung. Frau F. hatte nach ihrer ersten unglücklichen Ehe mit einem zweiten Gatten und ihrer gemeinsamen kleinen Tochter ein »vollkommenes Glück« gefunden. Doch dieses Glück erfüllt sie merkwürdigerweise mit einer Art Schuldbewußtsein, weil es ihr zu vollkommen und egoistisch erscheint. Alles verläuft so, als sei dieses zweite Kind nicht um seiner selbst willen gewünscht worden, sondern um einer Situation den Stempel der Schuld zu nehmen.

Sicher ist, daß sie nach einer ersten qualvollen Fehlgeburt, die sie als schweres Versagen empfunden hatte, die ersten Monate, in denen sie Martin erwartete, sehr schlecht bewältigte. Sie ist wieder krank, sechs Monate ans Bett gefesselt; sie erträgt es sehr schlecht, von ihren Töchtern, ihrer Umgebung getrennt zu sein. Bei Martins Geburt ist sie über den Sohn offenbar entzückt, doch gewisse Dinge lassen ihre Unsicherheit gegenüber dem Neugeborenen erkennen: ihre Unfähigkeit, das Kind zu stillen, die Bestürzung über seine Genitalien, depressive Ermüdung, Schlafstörungen. Schon sucht sie nach Symptomen der Retardierung bei ihrem Sohn (fürchtet sie nicht, er sei anormal?).

Nach den ersten unerquicklichen Monaten bietet Martin offenbar keine besonderen Probleme mehr, aber dennoch gelingt es Frau F. nicht, sich »natürlich« mit ihm zu beschäftigen, sich mit ihm glücklich zu fühlen; sie ist froh, wenn sie sich ihm entziehen kann. Tatsächlich akzeptiert sie dieses Kind nicht wirklich; seine Geburt ist noch zu sehr mit der Fehlgeburt verbunden, die sie ebensowenig akzeptiert hat. Frau F. erklärt uns, daß der Fötus für sie stets lebendig ist. Ihm wird eine übermäßige Bedeutung zugesprochen. Deshalb kann man einem anderen Baby keinen Platz einräumen, ohne sich schuldig zu fühlen.

Es ist nicht verwunderlich, daß Martins Schwierigkeiten sich erneut bemerkbar machen, als er etwa drei Jahre alt ist, d. h. also zu dem Zeitpunkt, da normalerweise die ödipale Phase[1] beginnt. Die Beziehungen Martins zu seiner Mutter sind zu schlecht, als daß er sich ihr liebevoll zuwenden könnte, wie es normal wäre. Zu diesem Zeitpunkt, wird mir seine Mutter später berichten, sagt Martin zum ersten Mal: »Ich möchte ein Mädchen sein.« Darin kommt seine Hoffnung zum Ausdruck, als Mädchen mehr geliebt zu werden.

1 Siehe Glossar, S. 108 ff.

# 2 Der erste Besuch

Als ich Frau M. wegen einer etwaigen Behandlung Martins zum ersten Mal aufsuche, wie mir Frau Dr. Doumic-Girard geraten hatte, halte ich diesen Besuch nur für eine Formalität. Da die Psychiaterin die Therapie vorgeschlagen hat, glaube ich, daß Frau M. ihrer Anweisung nur zu folgen habe – etwa so wie ein Radiologe, der die von einem Spezialisten geforderte Röntgenaufnahme macht.

In Wirklichkeit ist dieser erste Besuch sehr wichtig und sehr kritisch. Frau M. stellt mir Fragen, die mich in die vergangenen Jahre meines Lebens zurückversetzen und zutiefst an mehr oder weniger verborgene Probleme rühren: z. B. wie ich die Schwangerschaft mit Martin erlebt habe, seine frühe Kindheit, den Eindruck, den ich jetzt von ihm habe, den Platz, den er zu Hause einnimmt (oder nicht einnimmt).

Ich sehe mich also veranlaßt, meine Schwierigkeiten und die Martins wiederauszugraben. Ich erzähle Frau M. daher alles, was ich auf den vorangegangenen Seiten berichtet habe. Martin befindet sich im selben Zimmer in einer anderen Ecke und zeichnet. Er kommt mehrmals zu mir, weil er es schlecht ertragen kann, daß ich mich ihm nicht völlig widme, daß ich mit jemand anderem spreche.

Während unserer Unterhaltung erschienen mir bestimmte Erklärungen und Vergleiche von Frau M. sehr überzeugend. Sie erhellten unsere Probleme in einer Weise, daß ich sofort Vertrauen zu ihr faßte. Was die Ernährungsschwierigkeiten Martins angeht, insbesondere seine Weigerung, Fleisch zu essen, wenn es nicht durchgedreht ist, so erklärt mir Frau M., daß er seine Aggressivität falsch einsetze. Statt sich ihrer zu bedienen, um zu beißen und zu kauen, benutze er sie, um seine Kameraden zu schlagen. Hier bestehe, wie sie mir sagt, ein psychologisches Problem, das gelöst werden müsse.

Diese beiden Fakten – ins Fleisch »beißen« und die Kameraden schlagen – schienen mir nichts miteinander zu tun zu haben. In Wirklichkeit werden sie von derselben Kraft unterhalten: der auf verschiedene Weise eingesetzten Aggressivität. Dieser Zusammenhang hat mich zuerst verwirrt, erschien mir dann aber sehr einleuchtend. Frau M. empfiehlt mir eine psychotherapeutische Behandlung, zu der sie uns beide zusammen zweimal in der Woche empfangen will.

Das Problem besteht, wie sie mir sagt, in der schwierigen Beziehung zwischen Martin und mir. Es wäre daher sehr nützlich, wenn wir zusammen kommen würden, um diese Beziehung in Bewegung zu bringen. Und wir müßten sofort anfangen, damit es noch vor den großen Ferien einen Fortschritt gibt (wir haben jetzt Juni).

»Er wird schönere Ferien erleben«, sagt mir Frau M.; dasselbe hatte auch Frau Dr. Doumic-Girard behauptet.

Ich bin erleichtert, weil mir eine Aufgabe übertragen wird, zugleich bin ich an dieser Vorgehensweise interessiert und beruhigt, weil ich an den Sitzungen teilnehmen und alles miterleben kann, was sich dabei ereignet, dabei aber auch ein bißchen aufgeregt in Anbetracht der Zeit und des Geldes, die es mich kosten wird! (Die Kosten werden mir übrigens später von der Krankenkasse zurückerstattet.)

Der Wunsch, daß es Martin besser gehen möge, die Freundlichkeit und Herzlichkeit von Frau M., ihre bereits bei diesem ersten Besuch erkennbare Kompetenz veranlassen mich zuzustimmen.

Nach Hause zurückgekehrt, berichte ich natürlich meinem Mann in allen Einzelheiten von dieser Unterredung und dem, was Frau M. vorgeschlagen hat.

Er ist ein wenig erstaunt, daß man für seinen Sohn dieses »psychologische Arsenal« benötigt. Er neigt zu der Vermutung, daß ich Martins Schwierigkeiten ein wenig übertreibe, doch er stimmt schließlich zu, weil er versteht, daß diese Behandlung nicht nur für Martin, sondern auch für mich von Nutzen sein kann. Er sieht schon, daß die Probleme vor allem in der Beziehung zwischen Martin und mir liegen.

Anfangs scheint es mir, als sei die Behandlung mehr »meine Sache« als die meines Mannes (das wird sich in der Folgezeit ändern, wie wir sehen werden).

# Kommentar: Vertrauen oder Beunruhigung?

Frau F. betrachtet mich nur als ausführendes Organ von Dr. Doumic-Girard, was ganz offensichtlich der Realität widerspricht: Dr. Doumic-Girard hat sie geschickt, damit sie eine Behandlung aufnimmt. Aber Frau F. möchte von vornherein die Rolle verkleinern, die ich für sie und Martin spielen werde. Sie fürchtet, daß sie zu bedeutungsvoll werden könnte. Tatsächlich ist sie durch die tiefgreifenden affektiven Veränderungen beunruhigt, die die Behandlung in ihrem Leben auslösen könnte. Ihre Beziehung zu Martin verursacht ihr Unbehagen; sie fühlt sehr wohl, daß es »so nicht weitergeht«.

Trotz dieser Unsicherheit hat sie Vertrauen zu mir und zu der bevorstehenden Behandlung; sie hat die Gewißheit, daß »etwas passieren wird«. Solche komplexen Gefühle hegen viele Eltern, die zum ersten Mal wegen ihres Kindes Rat suchen: eine Mischung von Hoffnung und Angst. Tatsächlich ist diese Gemütsverfassung für eine gute Therapie unerläßlich; die Angst ermöglicht es, die Probleme anzusprechen, und die Hoffnung bezeugt den realen Wunsch, sich davon zu befreien. Ohne diese Angst und ohne diese Hoffnung könnte man überhaupt nicht arbeiten.

Wie immer wenn ich eine Therapie beginne, hüte ich mich, persönliche Gefühle oder Urteile in bezug auf die Mutter zu äußern. Ich versuche zu verstehen. Frau F. hat mir von ihren Schwierigkeiten berichtet; sie hat sich erleichtert gezeigt, daß sie an den Sitzungen teilnehmen kann, und ich erkenne schon an ihrer Haltung, ihren Gesten, ihrem Tonfall Martin und mir gegenüber, daß es ihr schwerfallen wird, nicht im Vordergrund zu stehen, obwohl sie sich scheinbar den Behandlungsregeln unterwirft, die ich ihr erklärt habe: »Sie sind da, Sie hören zu, Sie intervenieren so wenig wie möglich, Sie antworten Martin, wenn er sich an Sie wendet. Sie sind da, um zu spüren und zu erleben, was vorgeht, um seine Bedürfnisse und Wünsche zu verstehen.«

Ich halte es für notwendig, Martin wenigstens zweimal wöchentlich zu sehen – nicht weil seine Symptome so schwer sind, sondern weil bei einem Besuch pro Woche der Abstand zwischen den einzelnen Sitzungen für ein Kind dieses Alters zu groß wäre.

Andererseits schien mir, daß sich die Anwesenheit der Mutter bei den Sitzungen als wohltuend erweisen könnte. Sie ermöglicht es, Martin die Trennungsangst zu nehmen, und ihrer Forderung zu entsprechen, die persönliche Beziehung zu ihrem Sohn verbessern zu helfen. Vor allem sollte die Anwesenheit der Mutter, wie Dr. Doumic-Girard sagt,

> »den Ausdruck erlebter Gemütsbewegungen ..., die Konfrontation mit der Realität und die Ausstrahlung des während der Behandlung Erlebten ins tägliche Leben ...« erlauben. »Die in dieser besonderen Situation engagierte Mutter ist aufgeschlossen; sie nimmt die Gemütsbewegungen ihres Kindes wahr, die sie so oft wegen ihrer unbewußten persönlichen Einstellung verkannt oder zurückgewiesen hat ... Durch das während der Sitzung Erlebte kann die Mutter dank der Deutungen ihre Erziehungsfehler erkennen, ihre Ansichten mildern und schließlich eine andere, sehr viel befriedigendere Art der Beziehung entdecken ... Auch auf der persönlichen Ebene wird sie ihre Kindheit wiedererleben, ihre eigene Beziehung zur Mutter, ihre Eheprobleme, und sie kann ihre Funktion im Verhältnis zu ihrem Kind besser verstehen ...«[1]

Während dieser Sitzungen wird Frau F. sehen, daß Martin auch andere Beziehungen unterhalten kann, beispielsweise die Beziehung zur Therapeutin, die in seinen Augen der Mutter»er-

---

1 Pierre Mâle, Alice Doumic-Girard: *Psychothérapie du premier âge.* Paris (Edition P.U.F.).

satz« ist, doch ein Ersatz, der die eigenen Probleme nicht auf ihn projiziert[2].

Die Anwesenheit der Mutter wird es sicher erleichtern, das, was zwischen ihr und Martin fehlgelaufen ist, zu reparieren. Wir werden später sehen, wie Martin – und diesmal auf glückliche Weise – jene Augenblicke mit ihr neu erlebt, die während seiner ganzen frühen Kindheit unerfreulich waren. Indem er seine eigenen Wünsche zum Ausdruck bringt, die sich sehr deutlich von denen seiner Mutter unterscheiden, und dies nun in ihrer Gegenwart, wird er es ihr ermöglichen, sich der Angst bewußtzuwerden, die sie unbewußt erregt hat: Er könnte kein vollwertiger Junge sein. Aber antizipieren wir nicht . . .

Aus all diesen Gründen halte ich es für nötig, daß Martin zunächst die ursprüngliche Beziehung zu seiner Mutter wiederherstellt, die für das Kind so wichtig ist,[3] und ich glaube, daß dann in seinen Spielen auch sehr schnell das Bild seines Vaters vor ihm auftauchen wird. Wenn man davon auf ganz natürliche Weise ausgeht, kann die Beziehung zu seinen Eltern zunächst analysiert und dann verbessert werden.

---

2 Siehe Glossar.

3 D. W. Winnicott (1958): *Collected Papers: Through Pediatrics to Psycho-Analysis*. London (Tavistock). Dt.: *Von der Kinderheilkunde zur Psychoanalyse*. München (Kindler) 1976.

# 3 Die Behandlung beginnt

Als ich zur ersten Sitzung komme, erfüllen mich widersprüchliche Gefühle. Ich habe Angst vor diesem Dreiermodus: Was wird meine Rolle sein, wie werde ich mich verhalten müssen, wie wird mich Frau M. beurteilen? Dieses Gefühl hat mich seit langem verfolgt.

Gleichzeitig freue ich mich: Ich werde sehen, was sich in der Sitzung abspielt. Ich werde aus der Beziehung der Therapeutin zu Martin nicht ausgeschlossen sein. Ich werde an der Entwicklung teilnehmen – mit einem Wort, ich bin zu gleicher Zeit begeistert und beunruhigt.

Ich habe jeweils eine halbe Stunde Fahrzeit mit dem Auto für die Hin- und Rückfahrt. Und ich bin dabei mit Martin allein, was sonst nie vorkommt, weil ich dazu viel zu wenig Gelegenheit habe. Jedesmal wenn er mit mir spielen möchte, habe ich im allgemeinen gute Gründe dafür, daß es nicht geht: Kartoffeln müssen geschält, es muß gebügelt, die Wäsche muß fertiggemacht werden, ich muß mich auf meine Prüfung vorbereiten etc. Seit mehreren Jahren habe ich mich mit Aufgaben überlastet. Neben meiner Arbeit und dem Haushalt wollte ich mein Studium abschließen, um einmal eine Tätigkeit ausüben zu können, die es mir erlauben würde, den Kindern später mehr Zeit zu widmen . . . Dieser langfristige Plan erlaubte es mir, sie ihnen zum gegenwärtigen Zeitpunkt mit gutem Gewissen vorzuenthalten.

Der erste Gewinn dieser Psychotherapie liegt also zunächst einmal in der Fahrzeit, die ich ausschließlich mit Martin verbringe und in der ich ihm ganz zur Verfügung stehe, ohne mir Gewissensbisse wegen der Vernachlässigung der Aufgaben zu machen, die ich für wichtiger halte.

Im Auto spielen wir zusammen. Auf der Straße gelingt es mir nach und nach, ihn nicht mehr so im Laufschritt neben mir herlaufen zu lassen wie früher.

Ich bin selbst erstaunt, wieviel Spaß es mir macht, mit Martin zu schwätzen. Unsere Kommunikation läuft nicht mehr über die Aggressivität. Er muß mich weniger schlagen.

Doch kehren wir zu jener ersten Sitzung zurück. Bei unserer Ankunft werden wir in ein Wartezimmer geführt, in dem viele Zeitungen und Kinderbücher ausgelegt sind. Ich erinnere mich, an diesem Tage sehr darauf bedacht gewesen zu sein, daß Frau M. mich als gute Mutter ansähe. Sie sollte mich dabei antreffen, daß ich mich intensiv mit Martin beschäftigte.

Ich las ihm also eine Geschichte vor (wozu ich nicht oft Zeit hatte). Diese Vertraulichkeit mit meinem Sohn, die sich unter einem zwiespältigen, aus der Situation entstandenen Vorwand ergab, wuchs und entwickelte sich in der Folgezeit zu einer herzlichen Beziehung.

Das Zimmer, in dem Frau M. uns empfängt, ist hell und hübsch; es gibt da ein Bett mit einer marokkanischen Decke und viele Spielsachen: Spielzeugpistolen, ein Puppenhaus, ein Telefon, Marionetten. Frau M. nimmt uns in Empfang und erklärt Martin, daß er, wenn er wolle, mit allen Sachen spielen dürfe, die sich im Zimmer befinden, daß er sie aber auch nicht zu benutzen brauche; daß er alles sagen könne, was er wolle; daß er seine Spiele nach Wunsch gestalten könne; daß die Zeit der Sitzungen ihm gehöre.

Martin greift sofort nach dem Telefon. Es fällt mir jetzt schwer, diese ganze erste Sitzung von denen zu trennen, die unmittelbar darauf folgten. Tatsächlich äußert sich Martin während dieser drei oder vier Sitzungen vornehmlich über das Telefon. Er ruft »seinen Papa in der Dachkammer an, wenn er arbeitet«. Das Arbeitszimmer meines Mannes befindet sich im zweiten Stock des Hauses. Die Kinder steigen selten dort hinauf; sie respektieren die vielleicht ein wenig geheimnisvolle Arbeit ihres Vaters, der zwar oft zu Hause, doch unsichtbar ist. Sie wissen, daß er seine Kurse vorbereitet, »daß er arbeitet, um den Großen die Sachen zu erklären«. Vielleicht zeigt Martin, indem er anruft, daß er gern in die Dachkammer gehen würde, oder vielleicht möchte er den Vater in die Therapie einbeziehen. So sind Vater und Mutter bei ihm.

Oft ruft er den Klavierlehrer seiner Schwester Anne an. Annes Aktivitäten bedeuten ihm viel, da wir andern alle die Intelligenz und die Begabung seiner Schwester hoch einschätzen. Frau M. und ich spielen die Rolle der Gesprächspartner am Telefon. Wir folgen prinzipiell den Anweisungen Martins. Ich bemerke, daß Frau M. ihnen immer entspricht. Was mich betrifft, möchte ich Martin oft Anregungen geben, andere Partner vorschlagen, andere Themen einführen, in sein Spiel eingreifen.

Anfangs interessiere ich mich nicht sehr für das, was er über sein Leben mitteilt; ich versuche vielmehr, Ideen beizusteuern, um ihn zu unterhalten. Ich fühle mich in meiner Rolle wenig behaglich. Ich schwanke ständig, mehr oder weniger bewußt, zwischen zwei Einstellungen: mich einfach als Martins Spielgefährtin zu verhalten, wie Frau M. es von mir gefordert hat, oder aktiv einzugreifen, wie ich es für mein Leben gern tun möchte. Ich brauche Monate, um mich von diesem Verlangen, einzugreifen, zu befreien. Nachdem ich dank der Psychotherapie einen langen Weg zurückgelegt habe, verstehe ich es jetzt, aber damals gab ich mir keine Rechenschaft darüber, daß ich mich in Wirklichkeit in die Beziehung, die sich zwischen Martin und Frau M. entwickelte, hineindrängen wollte – vor allem, daß ich nicht ausgeschlossen sein wollte.

Zu meiner Verblüffung liefert Martin mit Hilfe der sehr vielfältigen Telefongespräche ein getreues Bild dessen, was sich zu Hause abspielt. Er beweist große Feinfühligkeit und ein Verständnis für die in der Familie vorhandenen Gefühle, das ich nicht vermutet hatte.

Ich begann, ihn in einem neuen Licht zu sehen. Ich erkannte, daß er über eine lebhafte Intelligenz und Intuition verfügte, während ich vorher stets in der Furcht gelebt hatte, daß sich diese Eigenschaften bei ihm nicht normal entwickelten. Ich entdeckte mein Kind, sein Leben, seine liebevollen, interessanten und erfreulichen Seiten.

# Kommentar: Nicht ausgeschlossen sein

Ich werde einige Anmerkungen zum Bericht über diese ersten Sitzungen machen. Die erste Anmerkung betrifft den Wunsch von Frau F., nicht aus der Beziehung »ausgeschlossen« zu sein, die sich zwischen Martin und mir entwickelt.

Es liegt für mich seit dem ersten Gespräch auf der Hand, daß Frau F. mehr oder weniger bewußt den Verlauf der Ereignisse bestimmen, eine Rolle spielen, im Mittelpunkt des Gesprächs bleiben oder gar Martins Platz einnehmen möchte. Sie erträgt es schlecht, ihn unabhängig und nach eigenem Ermessen handeln zu sehen oder, genauer gesagt, sie traut es ihm nicht zu – wir werden später verstehen, warum.

Frau F. wird langsam lernen müssen, sich aus der Beziehung zwischen mir und Martin herauszuhalten, ihn allein und in einer Weise handeln zu lassen, die sich von der seiner Mutter unterscheidet.

»Ich widmete mich ihm ohne Gewissensbisse«, sagt Frau F. außerdem. Man darf sich fragen, weshalb sie sich plötzlich, nachdem die Psychotherapie kaum begonnen hat, mit ihrem Sohn beschäftigen kann, während es ihr vorher nicht möglich war, mit ihm zu spielen, sich auf sein Niveau zu begeben, ohne sich gleichzeitig schuldig zu fühlen, weil sie nichts anderes tat. Wieso konnte sie sich nicht erlauben, Spaß und Vergnügen zu empfinden, wenn sie sich mit ihrem kleinen Jungen beschäftigte?

Seit Beginn der Behandlung hat Frau F. Vertrauen. Sie merkt bereits, daß ich ihr keine Schuldgefühle verursache und ihr zutraue, eine gute Mutter zu sein. Diese Verringerung ihrer Angst hat schon genügt, ihr Verhalten Martin gegenüber zu lockern. Sie wird nach und nach erkennen, daß sie alles besitzt, was zu einer guten Mutter gehört, und sie wird auch erkennen, daß sie nicht gezwungen werden soll, ihre Persönlichkeit aufzugeben und auf ihre eigenen Wünsche zu verzichten, um sich wie eine »gute Mutter« verhalten zu können.

Während der ersten Sitzungen wird deutlich, daß Frau F. nicht »gehört« hat, was ich ihr gesagt hatte: »Sie intervenieren so wenig wie möglich.« Es ist so sehr Bestandteil ihres üblichen Verhaltens, einzugreifen, daß sie noch nicht bereit ist, dieser Anweisung zu folgen, und es sich daher erübrigt, daß ich sie wiederhole. Noch genügt es ihr nicht, sich intellektuell und gefühlsmäßig auf das einzustellen, was Martin äußert, ihn so sein zu lassen, wie er wirklich ist, und nicht so, wie sie ihn haben möchte. Sie interveniert noch. Sie ist erstaunt zu sehen, daß ich mich Martin gegenüber zurückhalte, ihm beim Spiel die Initiative überlasse.

Am Telefon erzählt Martin viel über die Aktivitäten anderer Familienmitglieder; die Lehrer seiner Schwester und vor allem die Arbeit seines Vaters sind Gegenstand seiner Gespräche. Er zeigt damit, wie aufmerksam er alles beobachtet, was um ihn herum vorgeht, und daß er die Familienbeziehungen weit besser versteht, als man glaubt. Aber er spricht nicht über sich selbst, über das, was er empfindet, was ihm wichtig ist. Das Telefon ist sein bevorzugtes Instrument: Am Telefon spricht man, und in seiner Familie sind Sprache und geistige Arbeit von großer Bedeutung. Indem er wie die Großen spricht, hofft er, Anerkennung zu finden. Außerdem übersetzt man am Telefon Ereignisse in abstrakte Worte; Konflikte kommen darin nicht zum Vorschein. Während dieser Zeit ist das Telefon sehr nützlich für ihn; später wird er darauf verzichten, wenn er über sich selbst und seine Probleme sprechen kann.

# 4 Die Angst vor ihrem Urteil belastet mich

Die nächsten Sitzungen, über die ich hier berichte, erstrecken sich bis zu den großen Ferien. In dem Zimmer, in dem wir uns befinden, steht ein Bett, über das Martin gern und oft hinwegspringt, wobei er die Schuhe auszieht, um nicht die Tagesdecke schmutzig zu machen. Das stellt mich jedesmal vor ein Problem: Was soll ich mit diesen Schuhen machen? Wenn sie mitten im Zimmer unordentlich herumliegen, wird Frau M. dann nicht denken, ich sei liederlich? Wenn ich sie aber ordentlich hinstelle, wird sie mich dann nicht für zwanghaft halten, weil ich es nicht ertrage, daß Martin ein bißchen Unordnung macht? Natürlich wage ich nicht, sie um Rat zu fragen, weil ich fürchte, sie könnte mich dann für dumm halten!

Die Angst vor ihrem Urteil belastet mich noch, und sie wird mich so lange belasten, bis ich verstehe, daß Frau M. keine Werturteile fällt und den Müttern keine Schuld für die Schwierigkeiten aufbürdet, die sie mit ihren Kindern haben.

Martin spielt während dieser Sitzungen einzig und allein mit den Pistolen. Unermüdlich »tötet« er uns. Wir müssen uns »totstellen«. Danach erweckt er uns wieder zum Leben.

Später versteckt sich Martin, bevor er uns »tötet«. Ehe er abdrückt, sagt er: »Ich töte dich, bevor du mich tötest.« Durch die Therapie verstehe ich jetzt, daß seine Aggressivität nur die Reaktion auf irgendeine Angst ist.

Ein wenig wie das Manna vom Himmel erwarte ich die Erklärungen, die Frau M. mir bezüglich der Sitzungen gibt. Aber wir können nicht einfach miteinander reden . . . Martin erträgt es nicht; er betrachtet Frau M. als sein Eigentum.

Mein Verhältnis zu ihm hat sich noch nicht wirklich verändert, doch ich beginne mir tatsächlich klarzumachen, daß er mit seinen Schwierigkeiten kämpft wie ich mit den meinen, und daß zwischen beiden zweifellos eine Verbindung besteht, die ich bis jetzt nur intellektuell erfaßt habe.

Nach diesen Sitzungen, in denen wir »getötet« werden sollten, beginnt Martin, sein Spiel etwas mehr zu organisieren. Er teilt uns nun in Cowboys und Indianer ein. Darauf folgt das Zeremoniell der Auferstehung.

Abgesehen von diesem Spiel bereitet Martin auch von Zeit zu Zeit in einem angrenzenden kleinen Ankleideraum Fläschchen zu. Er versteckt sich, und ich sehe nicht, was er tut. Nur Frau M. hat das Recht, sich ihm zu nähern. Das macht mich nervös und sogar ein wenig traurig.

# Kommentar: Verantwortlich, aber nicht schuldig

Die Episode mit Martins Schuhen, von seiner Mutter sehr einfach dargestellt, mag unbedeutend erscheinen, sie zeigt jedoch, wie sehr sich Frau F. vom Beginn der Psychotherapie an mir gegenüber in eine Position der Abhängigkeit begibt. Sie verhält sich so, als glaubte sie, ich sei allmächtig, und sie fürchtet, daß ich sie schlecht beurteile: »Die Angst vor ihrem Urteil belastet mich.« Ihre Sorge, gut beurteilt zu werden, zeigt aufs neue, welche Bedeutung sie sich in bezug auf die Beziehungen zuschreibt, die allmählich entstehen. Ob Frau F. ordentlich ist oder nicht, berührt mich wirklich wenig. Was mich an erster Stelle interessiert, das sind die Reaktionen und Einstellungen Martins und inwieweit ich sie zu verstehen vermag.

Es erfordert eine gewisse Zeit, bis sich Frau F. wirklich darüber im klaren ist, daß ich sie wegen Martins Schwierigkeiten nicht für schuldig halte. Indessen versteht sie nach und nach, daß sie unbewußt dafür verantwortlich ist. Diese Schwierigkeiten haben ihre Ursache in dem Verhalten, aus dem heraus sie einen Teil der Persönlichkeit ihres Sohnes »ablehnt«, für bestimmte Bedürfnisse taub bleibt und ihn insgesamt daran hindert, er selbst zu sein. Martin empfindet diese Ablehnung sehr lebhaft.

## Aggression oder Abwehr

Was mich betrifft, so bin ich deshalb wenig aktiv, weil ich zuhöre, und Martin, der sich »verstanden« fühlt, beginnt, mit den Augen zu sprechen. Doch zunächst muß er, um sich ausdrücken zu können, so tun, als töte er seine Mutter: »Ich töte dich, bevor du mich tötest.« Bei dieser gespielten Aggressivität[1] handelt es

1 Siehe Glossar.

sich um eine Abwehr. In der Tat erlebt er seine Mutter in der Phantasie[2] als aggressiv – wahrscheinlich weil sie seine Unabhängigkeit und seine Persönlichkeit nicht respektiert und ihn für unfähig hält, nach eigenem Ermessen zu handeln und eigene Bedürfnisse zu haben.

Da er sich noch von dem befreien muß, was ihn bedrückt, empfindet er seine Mutter als gefährlich. Alles ist gefährlich: Seine einzige Reaktion darauf ist das Töten.

Weil Martin bisher keine echte Beziehung zu mir hergestellt hat, verwechselt er uns noch – seine Mutter und mich. Im Spiel tötet er die eine wie die andere. Seine Aggressionsphantasie ist so stark, daß er sie nicht ertragen kann. Danach muß er uns wiederbeleben und sich vergewissern, daß wir noch am Leben sind.

In einer zweiten Phase führt Martin ein Bündnissystem ein, womit er zeigt, daß nicht alles vollkommen schlecht oder gefährlich ist. Sein System »Cowboys und Indianer« ermöglicht ihm, das, was an seiner Mutter gut für ihn ist, auf die eine Seite zu stellen, und das, was gefährlich ist, d. h. was in seiner Phantasie seine Identität bedrohen kann, auf die andere Seite.

## Das Bild der Mutter

Für ein kleines Kind kommt alles Heil, alles Gute von seiner Mutter: Nahrung, Zärtlichkeit, Sicherheit. Doch sehr rasch wird diese allmächtige Persönlichkeit für das Kind zur Quelle von Frustrationen[3]: Sie ist nicht immer da, sie versteht nicht alle Bedürfnisse. Darüber hinaus wird alles Unangenehme, das dem Kind – auch unabhängig von seiner Mutter – zustößt, dieser zentralen Gestalt seines Universums zugeschrieben. In Wirklichkeit ist es sehr wichtig, daß eine »gute Mutter« gleichzeitig eine frustrierende Mutter ist, die ihrem Kind Versagun-

2 Siehe Glossar.
3 Siehe Glossar.

gen allmählich verständlich macht, die nicht jederzeit vollständig zu seiner Verfügung steht, wie es in den ersten Wochen erforderlich war. Ebenso wichtig ist es, daß die Mutter weiterhin für sich selbst existiert, daß sie, unabhängig von ihrem Kind, ein Eigenleben hat. Sie wird ihm auch gar nicht völlig gerecht werden können, doch eben dadurch, daß es nicht alles bekommt, lernt es, sich zu individuieren und zu strukturieren: Durch das Warten auf die Befriedigung entdeckt es, daß es von der Mutter getrennt existiert. Nach und nach muß das Kind lernen, die beiden Bilder der Mutter miteinander zu verschmelzen; es muß lernen, daß das Gute und das Schlechte gleichzeitig in derselben Person vorhanden sind. Auch die Mutter muß dieses ambivalente Bild ihrer selbst akzeptieren, das das eines jeden menschlichen Wesens ist, und sie muß akzeptieren, daß ihre Beziehungen zum Kind diese beiden Aspekte ins Gleichgewicht setzen und integrieren.

Diese Entwicklung ist der Ursprung des gesamten Seelenlebens des Kindes. Daraus wird sich die klare Vorstellung von »gut« und »böse« herausbilden, die abstrakte Idee, die durch die konkrete Person der Mutter Gestalt gewonnen hat. Doch es gilt, das rechte Maß zu wahren: Die allzu frustrierende »schlechte« Mutter kann großen Schaden anrichten, wenn sie den wesentlichen Bedürfnissen des Kindes keine Beachtung schenkt und ihre eigenen Probleme auf dieses projiziert.

## Ich befürworte die Regression

Durch eine Therapie kann die »schlechte« Mutter wieder zur »guten« Mutter werden. Indem er die Guten von den Bösen trennt, kann Martin seine Mutter ungestraft lieben und hassen – Gefühle, deren er sich nicht immer bewußt ist. Im Lauf der Behandlung nehme ich gern in Kauf, die schlechte Mutter, die er haßt, und die Zielscheibe seiner Aggressionen zu sein, wie sie in seinen Worten und im Spiel zum Ausdruck kommen. So kann seine Mutter wieder zur »guten« Mutter werden. Ich halte es für wünschenswert, daß das Kind dieses tiefe Bedürfnis nach Aggressivität[4] zeigt, die gleichzeitig Schutz und Abwehr ist, um aus der Reichweite seiner Mutter zu gelangen. Hier kommt eine doppelte Bewegung in Gang. Martin »bekämpft« seine schlechte Mutter, die er von der »guten« trennt, und kann sich dann nach rückwärts wenden, »regredieren«[5], wobei er seine ersten Lebensmonate neu erlebt. Dies fördere ich, indem ich seine Versuche unterstütze und ermutige. So kann Martin eine Beschäftigung wiederfinden, die für ihn typisch ist und nicht mehr aggressiv sein muß: Er macht seine Fläschchen zurecht und spielt Verstecken. Er hat vor allem das Bedürfnis, in die Vergangenheit zurückzukehren – in seine Säuglingszeit –, um seine damaligen Gefühle wiederzubeleben. Deshalb spielen die Fläschchen eine immer größere Rolle.

Dieses Babyspiel, ebenso wie das Versteckspiel, kann nur stattfinden, wenn seine Mutter nicht dabei ist, der die Bekundung geistiger Fähigkeiten – »erwachsene« Verhaltensweisen, die sie vor allem akzeptiert – lieber sind. Doch er fühlt, daß ich seine Spiele bevorzuge und sie sogar wünsche, damit er sich seinen Vorstellungen überlassen kann.

In dem kleinen Ankleidezimmer versteckt, beginnt Martin sein Spiel zu gestalten und die Lage zu meistern. Wir sind noch am Anfang der Psychotherapie, und schon fängt er an, sich auszudrücken; eines meiner Ziele wird es in allen Sitzungen sein, daß er dies ganz frei tun kann.

Frau F. hätte lieber mehr Erklärungen; sie hat das Gefühl, daß man sich mit ihr nicht viel beschäftigt. Aber ich kann während der Sitzungen nicht so mit ihr reden, wie sie es eigentlich wünschen würde, weil ich ganz und gar für Martin da sein muß. Ich kann mich nicht zwischen ihm und seiner Mutter teilen – ich gehöre ganz dem Kind. Der Junge muß erkennen, daß das, was für ihn wesentlich ist, nicht geteilt und von der Mutter wieder

4 Siehe Glossar.

5 Siehe Glossar.

weggenommen wird. In dem Moment, wo er sich als ein eigenständiger Mensch erleben wird, kann er mit seiner Mutter wieder teilen.

Frau F. will mich durch ihren Wunsch nach Erklärungen zweifellos mit Beschlag belegen, doch hegt sie gleichzeitig das Verlangen und das Bedürfnis zu reden. Bei dieser Therapieform ist es oft erforderlich, die Mütter allein zu sehen, damit sie über ihre persönlichen Probleme sprechen können.

# 5 Die Reaktionen der Familie

Zu Hause erzählt Martin seinem Vater, was während der Sitzungen vorgeht. Er ist sehr zufrieden, daß er zu Frau M. gehen darf, und er freut sich, weil ich mich mehrere Stunden in der Woche speziell mit ihm beschäftige.

Mir scheint, daß seine Aggressivität etwas geringer wird. Seine Eßschwierigkeiten bestehen noch, aber die Familie erträgt sie schon besser.

Anne fällt es nicht leicht zu akzeptieren, daß die Anteilnahme der ganzen Familie jetzt Martin und seiner Behandlung gilt, nachdem sie gewohnt war, daß unser Interesse und unsere Zufriedenheit in erster Linie mit ihr zu tun hatten.

Dagegen ist Marie entzückt, denn sie hatte unter der Aggressivität Martins sehr zu leiden.

Ich habe der engeren Familie, den Großeltern, Onkeln und Tanten von der laufenden Behandlung erzählt.

Obwohl sich meine Eltern über das Anormale im Verhalten Martins sehr wohl im klaren waren, glaubten sie, daß sich das von allein einrenken würde. Außerdem verstand sich Martin sehr gut mit ihnen. Er fühlte, daß ihn seine Großeltern sehr liebten. Sie hatten unsere Ängste während der Schwangerschaft geteilt, und sie hatten sich über Martins Geburt sehr gefreut, der nach vier Enkelinnen ihr erster Enkel war. Das machte sie sehr nachsichtig.

Die Nachricht von der Therapie wird daher zu Anfang von meiner Mutter mit einer gewissen Skepsis aufgenommen, da sie nicht an ihre Wirksamkeit glaubt und meint, die Dinge seien doch gar nicht so ernst. Mein Vater legt zwar eine gewisse Zurückhaltung an den Tag, zeigt aber dennoch großes Interesse. Frau M.s Erklärung, daß Martin von seiner Aggressivität falschen Gebrauch mache, daß nämlich seine Unfähigkeit, Fleisch zu kauen, mit der Brutalität gegenüber seinen Spielgefährten in Zusammenhang stehe, hat ihn sehr betroffen gemacht.

Ich hatte plötzlich das Gefühl, daß er bei der Behandlung Martins mithelfen könnte. Martins Großeltern väterlicherseits leben leider nicht mehr. Seine Onkel und Tanten stehen der Behandlung sehr positiv gegenüber. Einige von ihnen hielten Martin infolge seiner unbeherrschten und unvorhersehbaren Reaktionen für unglücklich, schwierig, unerträglich oder regelrecht merkwürdig.

Die großen Ferien kommen. Martin kann zum ersten Mal eine kurze Trennung von mir ertragen, was bis zu diesem Zeitpunkt nie möglich gewesen war; selbst Trennungen im Laufe des Tages hatte er nur schlecht verkraftet. Er ließ mich bei meiner Rückkehr für sie »büßen«, und er »zahlte« sie auch dem armen Au-pair-Mädchen »heim«, das in seinen Augen das Symbol für meine Abwesenheit war.

Er fährt acht Tage vor uns zu meinen Eltern. Mein Vater fügt sich bewundernswert in das psychotherapeutische Spiel ein. Er inszeniert mit Martin eine Geschichte, bei der er der Sheriff ist und Martin der Cowboy. Auf diese Weise gelingt es ihm, seine Aggressivität einzudämmen, und er bringt ihn dazu, zum ersten Mal Fleisch zu essen, indem er sagt: »Cowboy, das ist von dem Büffel, den ich gerade erlegt habe.«

Martin geht auf diese Fiktion freudig ein und »verschlingt« sein Fleisch. Von jetzt an müssen wir es nicht mehr durchpassieren. Er ist sehr stolz, seinem Vater und mir seine Errungenschaften vorzuführen, als wir uns wiedersehen. Wir sind darüber so glücklich wie über eine erste gewonnene Schlacht. Wegen des Essens wird es allerdings noch allerlei Schwierigkeiten geben, namentlich wenn es darum geht, etwas Neues zu probieren.

Als wir ihn nach den acht Tagen wiedersehen, ist Martin noch immer schwierig und »lastet« auf mir, doch es zeichnet sich bereits eine deutliche Besserung ab. Die anderen Kinder, seine Vettern, die vorher Angst vor ihm hatten, ertragen ihn jetzt besser und spielen häufiger mit ihm.

# Kommentar: Die Lust am Beißen

Von dem Moment an, da der Sheriff-Großvater dem Cowboy Martin vom »Büffel« zu essen gibt, kann dieser in sein Fleisch beißen. Warum? Wahrscheinlich, weil dieses »Büffelfleisch« in Martins Augen nicht mehr die Nahrung der Mutter darstellt. Es ist die typische Nahrung des Cowboys. Damit Martin ein richtiger Cowboy ist, muß er aggressiv sein und Büffelfleisch essen. Der Sheriff-Großvater erlaubt ihm diese kontrollierte Aggressivität nicht nur, sondern ermutigt ihn sogar, diese Nahrung mit kräftigen Bissen zu sich zu nehmen. Vor dieser Komplizenschaft mit dem Großvater glaubte Martin, daß er nicht in das Fleisch beißen dürfe, das ihm seine Mutter gab. Hätte er hineingebissen und sich auf diese Weise aggressiv gezeigt, hätte er riskiert, seinerseits gebissen zu werden. Ferner konnte die unbewußte Verwechslung zwischen Aggressivität und Männlichkeit von seiten der Mutter Martins (die mit ihrer eigenen Vergangenheit zusammenhängt) bei Martin eine unbewußte Gleichsetzung des Bisses mit der Kastrationsangst[1] herbeiführen: Wenn er biß, konnte er – natürlich symbolisch – seine Männlichkeit verlieren.

Jetzt bedeutet es die gefahrlose Wiedergewinnung seiner Männlichkeit, wenn er ins Fleisch beißt, weil Martin in seinem Großvater eine gute Identifikationsfigur[2] hat, die zugleich männlich und nicht aggressiv ist. Und man sieht, welche raschen und auffallenden Fortschritte Martin macht, seit der Großvater im Spiel anerkennt, daß er ein echter Junge ist.

Tatsächlich scheint der Vater im Leben Martins bisher nur eine ungenügende Rolle zu spielen, obwohl seine Persönlichkeit

1 Siehe Glossar.

2 Siehe Glossar.

in der Familie, die ihn sehr bewundert, durchaus einprägsam in Erscheinung tritt. Doch er traut sich nicht recht zu, seine Vaterfunktion auszuüben. Er fühlt sich in einer bemutternden Beziehung wohler, als ob sein Sohn auf die väterliche Autorität verzichten könnte. Deshalb zieht Martin es im Augenblick vor, mit seinem Großvater den Mann zu spielen. Etwas später wird der Vater seine ganze Bedeutung wiedergewinnen.

# 6 Ist die Flasche gut oder schlecht?

Nach der Rückkehr aus den Ferien kommt Martin in die Gruppe der größeren Kinder im Kindergarten. Er ist jetzt fünf Jahre alt.

Wir nehmen die zweimal wöchentlich stattfindenden Sitzungen wieder auf, aber in einem anderen Zimmer. Dieses erscheint mir sehr kahl mit kleinen niedrigen Stühlen, einem Spülbecken, einem Kinderbettchen aus Holz, einem Kasten voller Tiere, einer Flasche, Marionetten, Puppen; auf dem Fußboden Linoleum.

Trotzdem erinnere ich mich an dieses Zimmer mit innerer Bewegung, weil dort die entscheidenden Sitzungen stattfanden, die es mir ermöglichten, mein Kind »wiederzufinden«, ein neues gefühlsmäßiges Band zu ihm zu knüpfen.

Als Martin dieses kleine Zimmer betritt, bemerkt er als erstes das Wasser. Er läßt es sehr lange laufen, spritzt ein bißchen damit herum, wobei er der Therapeutin einen fragenden Blick zuwirft, die lächelnd zustimmt. Ich frage mich im stillen, wie weit ihre Toleranz wohl gehen kann!

Dann füllt Martin eine Flasche und trinkt sie aus. Frau M. liefert dazu eine »Geräuschkulisse« und ruft Martin seine noch frischen Erinnerungen an die Milch ins Gedächtnis, die durch seine Kehle rann, als er ein Baby war: »Oh, das ist gut, Martin, das läuft hinunter, das ist süß, warm, gezuckert«, etc.

Martin hat oft Mühe, die Flasche mit dem Gummisauger zu verschließen, und er läuft immer zur Therapeutin, um sie um Hilfe zu bitten. Frau M., stets geduldig, macht sie ihm fünfzehn-, zwanzigmal mit derselben Freundlichkeit wieder zu. Manchmal springt der Sauger wieder ab, und das Wasser spritzt überall hin. Martin lacht schallend über diesen Springbrunnen, und auch Frau M. und ich lachen herzlich.

Was mich bei diesen Sitzungen vor allem frappiert, das ist die außergewöhnliche Mischung von Ernst und Heiterkeit, mit der Frau M. die Situation betrachtet. Die Sitzungen sind stets sehr lebhaft. Martin redet frei von der Leber weg. Alles ist natürlich.

Mehrmals handhabt Martin das Fläschchen in einer Weise, als wäre es sein Geschlechtsteil; er tut so, als mache er gerade Pipi, obwohl er eine Sekunde vorher daraus getrunken hat, als wäre Milch darin.

Dieses Verhalten veranlaßt Frau M. erstmals zu einem Kommentar: »Du weißt nicht genau, ob es Pipi oder Milch ist!« Frau M. macht mir auf diese Weise deutlich, daß Martin noch nicht zwischen Gut und Böse unterscheiden kann. Für ihn ist beides noch vermischt.

Mir wird jetzt klar, daß Martin sich niemand gegenüber sicher fühlen kann, wenn Gut und Böse in seinen Augen nicht klar zu unterscheiden sind, und daß seine Ausbrüche von unbeherrschter Aggressivität einer ebenso unbeherrschten und unbeherrschbaren Angst entsprechen.

Wie um mich besser verstehen zu lassen, was in seinem Kopf vorgeht, holt Martin bei der nächsten Sitzung alle Tiere aus dem Kasten. Er legt sie ganz willkürlich hin, trennt wilde Tiere nicht von Haustieren, »böse« von »freundlichen«, ordnet sie nicht nach Familien. Die einzige Beziehung, die er zwischen diesen Tieren herstellt, ist die des gegenseitigen Verschlingens. Ausnahmslos fressen die einen die anderen; alle sind in Gefahr und völlig schutzlos.

Diese erste entscheidende Entdeckung von Martins Problemen hat mir außerordentlich geholfen. Ich fühlte mich nicht länger als Zielscheibe seiner Aggressionen, und ich begann, Hilfe und Verständnis an die Stelle von Ärger oder gar Ablehnung zu setzen.

Doch diese Entdeckung konnte ich nur machen, weil ich bei den Sitzungen anwesend war; ich habe »gesehen«, ich habe gefühlt, mit welchen Phantasien Martin sich herumschlug. Frau

M. hat mich in sehr einfacher Weise aufgeklärt, indem sie mir entweder nachträglich entzifferte, was sich in der Sitzung ereignet hatte, oder indem sie mich im gegebenen Augenblick aufmerksam machte.

Während der gesamten Therapie hat sich meine Einstellung immer wieder verändert, ohne daß ich irgendwelche »Ratschläge« empfangen hätte, und zwar sowohl während der Sitzungen als auch in bezug auf mein Verhalten zu Hause.

Ich habe auch verstanden, daß das, was während einer Therapie vor sich geht, mit Vorstellungen zu tun hat. Im täglichen Leben kann ich mit Martin nicht so umgehen wie während der Sitzungen. Martin wiederum verhält sich zu Hause nicht so wie bei Frau M. Er spielt niemals dieselben Spiele.

Zu Hause teile ich meinem Mann diese für mich wichtige Entdeckung mit: Martin schlägt sich damit herum, daß in seinem Leben Gut und Böse vermischt sind; er kann sich darin nicht zurechtfinden. Er muß zuerst lernen, das Gute vom Bösen zu unterscheiden, um dann akzeptieren zu können, daß in der Wirklichkeit Gut und Böse in ein und derselben Person vorhanden sind.

Mein Mann und ich haben über diesen Punkt viel diskutiert. Er fand diese absolute Trennung zwischen Gut und Böse – wie beispielsweise in der Geschichte von Zorro, die Martin (und auch mich!) so faszinierte – zunächst allzu simpel und kindisch. Später gab er jedoch zu, daß die Erklärung von Frau M., das Kind müsse zuerst zwischen Gut und Böse unterscheiden lernen, um dann ihre Koexistenz (nicht ihre Vermischung) in jedem von uns zu akzeptieren, zutreffe. Gelingt es dem Kind nicht, diese erste Unterscheidung zu treffen (was im Leben des Kindes früh erfolgen muß), dann bleibt die Vermischung von Gut und Böse bestehen, wie es bei Martin der Fall ist. Alles ist dann beängstigend.

# Kommentar: Wieder zum Baby werden

Martin fühlt sich in dieser Küche sehr wohl, die seiner Mutter kahl vorkommt, denn sie entspricht tatsächlich der Entwicklungsstufe des Kindes, und zwar sowohl auf der körperlichen Ebene als auch in bezug auf seine Vorstellungswelt.

In diesem Raum betrifft Martin alles unmittelbar. Er erlebt Augenblicke wieder, die noch nicht vergessen sind. Man spürt, daß die Zeit des »Fütterns« noch ganz nahe ist. Unter diesen Bedingungen kann die Vergangenheit an die Oberfläche kommen, und Martin kann sich so benehmen wie ein Säugling. Er kann »regredieren«. Genau das will ich: Er soll seine nach rückwärts gewandten Phantasien ausdrücken und wiedererleben können. Während Martin mit den Flaschen spielt, ist Frau F. mit sich selbst noch nicht im reinen und über ihre Verbote beunruhigt: über das, was erlaubt, und das, was untersagt ist.

Frau F. erkennt noch nicht, wieviel Vergnügen Martin diese Spiele machen und wie sehr er, indem er sie unaufhörlich wiederholt, die Bedürfnisse seiner frühesten Lebenszeit auslebt, die er nur ungenügend befriedigen konnte.

Im Verlauf einer Psychotherapie beobachtet man häufig wiederholsame Spiele. Mâle und Doumic-Girard haben es folgendermaßen ausgedrückt:

> ». . . die Wiederholung ist Lustgewinn. Dieses Bedürfnis nach Wiederholung ist von der Mutter, die oft ihrem eigenen Rhythmus folgt, niemals ausreichend befriedigt worden. In der Therapie hat man den Eindruck, daß das Kind, erst wenn es die Befriedigung ›bis zur Neige‹ ausgekostet hat, Neues erforschen kann. Durch die Wiederholung wird auch die Angst gemeistert, und sie dient der Abreaktion . . .«[1]

---

1 *Psychothérapie du premier âge*, a. a. O.

## Lust und Sicherheit sind notwendig

Allgemein ausgedrückt, kann man sagen, daß das Kind nicht nur physisch sondern auch psychisch verschiedene Entwicklungsstadien durchläuft. Es kann nicht ohne weiteres die nächste Entwicklungsstufe erreichen und sich dort entfalten, selbst wenn es das wünscht, wenn seine Gefühlsbedürfnisse im vorangegangenen Stadium nicht erfüllt worden sind, beispielsweise im frühesten Alter sein Verlangen, genährt und liebevoll gehalten zu werden, oder sein Wunsch zu saugen und warme, süße Milch zu trinken. So kehrt Martin in wiederholsamer Weise auf die vorige Stufe zurück, indem er sein Fläschchen trinkt.

In der ganz frühen Kindheit wird die gute Mutter mit der guten Milch gleichgesetzt. Sie repräsentieren alles, was es an Gutem gibt, und von daher bezieht das Baby seine Vorstellung des Guten. Nun hat Martin die Milch nicht als etwas Gutes erlebt: Eine Stunde nachdem er sein Fläschchen getrunken hatte, spie er sie wieder aus. Für die Mutter war das Füttern mit Angst verbunden; die Aussicht auf das gefürchtete Erbrechen hinderte sie, das Füttern ihres Kindes als lustvoll zu erleben. Diese Zeiten zu zweit waren für die Mutter wie für das Kind zu freudlosen Augenblicken geworden.

Manche Mütter können denen, die sie bei ihrem Tun beobachten, den Eindruck vermitteln, als widmeten sie sich in vollendeter Weise ihrem Säugling; sie füttern und wickeln ihn einwandfrei. Dennoch, wenn ihnen dies nicht selbst Befriedigung und wahres Vergnügen bereitet, dann spürt das der Säugling ganz genau.

## Das Gute vom Bösen trennen

Martins Hunger wurde zwar gestillt, doch konnten ihm die vielen unerfreulichen Stunden, die er mit seiner Mutter verbrachte und die nun mit ihrer Person gleichgesetzt werden, nicht die erforderliche Lust und Sicherheit vermitteln. Das Bedürfnis nach gleichmäßiger Zärtlichkeit, nach ruhiger Beständigkeit wurde nicht befriedigt. Wenn Martin das Fläschchen nimmt, hat er daher meist nicht das Gefühl der Sättigung und der vollen Befriedigung. Selbst wenn er gesaugt und getrunken hat, hat ihm dies nicht genügend Lust bereitet. Er hat das »Gute« im eigenen Inneren nicht ausreichend erfahren.

Es ist von wesentlicher Bedeutung für das kleine Kind, daß es sich das Gute als gut einverleibt. Davon ausgehend kann es das Böse erkennen und es vom Guten unterscheiden. An diesem Punkt der Therapie vermischt Martin noch Gut und Böse, was seine Mutter so sehr verwunderte. Erst viel später lernt er sie zu unterscheiden.

Im Augenblick äußere ich mich nicht dazu, wenn er so tut, als mache er mit dem Fläschchen Pipi, aber ich weise ihn auf die Vermischung des guten Inhalts des Fläschchens, der »Milch«, mit dem schlechten Inhalt, dem »Pipi«, hin. Diese schlichte Bemerkung über die Vermischung ist sowohl für Martin als auch für seine Mutter interessant. Martin ermöglicht sie, sich der Vermischung von Gut und Böse bewußt zu werden, in der er lebt; dies dient meines Erachtens seiner »Reifung«[2], da es ihm feste Bezugspunkte vermittelt. Was Frau F. angeht, die sehr sensibel auf alles reagiert, was mit der schlechten Beziehung zu ihrem Sohn zu tun hat, so versucht sie anhand der Sitzungen eine Erklärung für Martins Aggressivität zu finden. Dieser Kommentar, auf den sie immer wieder zurückkommt, zeigt, wie entscheidend die Entdeckung für sie ist, daß Martin Gut und Böse nicht voneinander trennt, was zunächst durch das Fläschchen, später durch die Tiere[3] symbolisiert wird. Sie hat darüber lange mit ihrem Mann diskutiert, so daß sich ein Dreiergespräch entwickelt hat. Ich werde übrigens dieses Gesprächsthema mit Martins Vater wiederaufnehmen. Ich möchte betonen,

2 Siehe Glossar.

3 Normalerweise unterscheidet ein Kind in Martins Alter ohne weiteres zwischen »gutartigen« und »bösartigen« Tieren und trennt sie voneinander.

daß es mir in dieser Sitzung vor allem darauf ankommt, daß Martin weiter regrediert. Er wird auf diese Weise bald die Mängel beheben können, die in der Beziehung zu seiner Mutter bestehen.

Martin wird also zu bestimmten Augenblicken seines Lebens zurückkehren und sie in der Therapie, diesmal in positiver Weise, mit seiner Mutter von neuem erleben. Diese Wiederherstellung der Beziehung zwischen Mutter und Sohn ist das erste Ziel der Therapie. Ich treibe seinen Reifungsprozeß nicht künstlich voran, damit er das folgende Stadium erreicht. Ich habe Vertrauen zu dem Kind und tue nichts, als die wesentlichen Momente hervorzuheben und zu unterstützen, beispielsweise indem ich das Geräusch der fließenden Milch mit Worten begleite.

Das Kind fühlt sich ganz zufrieden; es fühlt, daß ich seine Regression begünstige, daß ich seinen Fortschritt wünsche, daß ich mit ihm zufrieden bin, wenn es das selbst auch ist und den Drang zu leben verspürt.

Was bedeutet es schon bei einem so wichtigen Spiel, ob der Fußboden naß wird oder nicht. Es genügt, daß das Zimmer so eingerichtet ist, daß für den Therapeuten keine materiellen Probleme entstehen. Man braucht also keine besondere Geduld aufzubringen.

Zweifellos werde ich nicht alles hinnehmen, was Martin anstellt, ebensowenig wie bei einem anderen Kind. Beispielsweise daß er einen Gegenstand im Zimmer kaputt macht. Aber in diesem Fall handelt es sich um ein Spiel, durch das Martin seine Phantasien zum Ausdruck bringt, und nicht um eine Provokation. Martin muß die üblichen sozialen Gebote überschreiten.

## Das Recht zu wünschen

Bei den ersten Sitzungen ist Martin noch von den unbewußten Wünschen seiner Mutter abhängig, die ihn hindern, ein vollwertiger Junge zu sein. Der Penis ihres Sohnes bereitet Frau F. Unbehagen, wie sie sagt. Sie reagiert nicht gut auf Martins

Bekundungen von Männlichkeit, die sie nicht bewundern kann, weil sie Angst davor hat. Auch kann die Mutter das Kind, das sie verloren hat, noch nicht vergessen. Sie hat es wahrscheinlich bedauert, sich mit dem Säugling Martin beschäftigen zu müssen, statt mit jenem Kind, das sie sich gewünscht hatte und das tot ist.

Indem er das »Baby spielt«, bringt Martin wirkungsvoll zum Ausdruck, was er sich wünscht. Jetzt kann er sich einen Wunsch erfüllen, der ihm zusteht: Was er tun möchte, das tut er. Und er fühlt, daß ich damit einverstanden bin. In seiner Familie konnte er seine tiefsten Bedürfnisse bisher nicht zeigen. Die familiäre Umwelt ist hauptsächlich auf die intellektuelle Sphäre eingestellt, und Martin weiß recht gut, was man von ihm erwartet: Er soll wachsen, Fortschritte machen, genauso »glänzen« wie seine Schwestern. Doch Martin ist nicht imstande, auf die Wünsche seiner Eltern mit angemessenem Verhalten zu reagieren; er findet nicht zu einem »normalen« Verhalten, wie es im täglichen Leben vernünftig wäre. Er bringt seine Verwirrung durch aggressives, tyrannisches, beunruhigendes Verhalten zum Ausdruck, das den Wunsch der Mutter noch verstärkt, er möge schnell größer werden, damit sie sich weniger mit ihm zu beschäftigen braucht. Nur mit Hilfe der Therapie kann das Kind schließlich einen neuen Zugang zu den vergessenen Phasen finden und seine Defizite ausgleichen.

## Einer frißt den anderen

Es ist kein Zufall, daß Martin beim Spiel mit den Tieren seinen Verschlingungsphantasien Ausdruck verleiht: Es geht darum zu verschlingen, um nicht selbst verschlungen zu werden. Alle Tiere in seinem Spiel fressen einander auf, um nicht gefressen zu werden. Er ist auf jene Stufe regrediert, auf der das Verschlingen im Vordergrund steht, jenen Augenblick, wo das saugende Kind die Mutter zu essen glaubt, Angst davor hat, sie zu essen, Angst, selbst gegessen zu werden. Die Verschlingungsphantasien sind in der kindlichen Vorstellungswelt sehr gegenwärtig; ihren volkstümlichen Ausdruck finden sie in den Geschichten vom Menschenfresser und vom Wolf.

Man wird feststellen, daß Martin seinen Vater bisher nicht offen in seine Spiele einbezieht. Indessen spricht Frau F. mit ihrem Mann über das, was in den Sitzungen vorgeht; sie teilt ihm ihre Entdeckungen mit, und Herr F. nimmt so an Martins Therapie teil.

# 7 Bambi

Auf die Sitzungen mit dem Fläschchen folgen die Sitzungen mit den Marionetten.

Martin liebt es besonders, die Geschichte Bambis auszuschmücken. Zu meinem großen Erstaunen erfindet er mit blühender Einbildungskraft zahlreiche Variationen dieser Geschichte: Martin ist Bambi, die Therapeutin ist oft Bambis Mutter oder der Freund Panpan, und ich bin seine Freundin, die Blume.

Bei den Sitzungen mit den Marionetten bin ich die Freundin, die Kameradin, ihm gleichgestellt, doch nie seine Mutter. Frau M. macht mich darauf aufmerksam. Diese Feststellung verwundert mich, ja, sie ist sogar schmerzlich für mich.

Wenn Frau M. die Rolle von Bambis Mutter spielt, ist sie manchmal aggressiv, und wenn sie die Rolle von Panpan spielt, macht sie mitunter »Dummheiten«, die sie erfindet. Sie geht nicht immer auf Martins Vorschläge ein, und ich frage mich ständig, welches ihre Kriterien sind.

Will sie Martin vielleicht das Schuldgefühl nehmen?

Wenn ich andere Themen vorschlage als Martin, reagiere ich nicht so, wie er es mir vorschreibt. Frau M. fordert mich auf, seine Wünsche zu respektieren. Tatsächlich greife ich gern ein, schlage gern Änderungen vor, und ich finde es ungerecht, daß Frau M. mir untersagt, eigene Rollen zu spielen, während sie selbst andere Rollen spielt als die von Martin vorgeschlagenen. Mit welchem Recht?

Zum Beispiel: Bambi-Martin geht mit seinen Freunden ins Kino und kauft sich Eis. Er verlangt Geld von seiner Therapeutin-Mutter, die es ihm manchmal verweigert. Wird Martins Spiel nun dadurch verändert oder nicht?

Mich beschäftigt das Problem, ob ich mich einmischen soll oder nicht . . .

Zur gleichen Zeit befasse ich mich mit Kinderpsychologie. Damit bin ich bei der Theorie, aber nicht bei der Praxis!

Ich lerne, Tests durchzuführen, und mir kommt der Gedanke, meine Kinder testen zu lassen. Ich bin sprachlos, als ich sehe, daß Martin einen überdurchschnittlichen Intelligenzquotienten aufweist, nachdem ich immer gefürchtet hatte, er sei »zurückgeblieben«. (Frau M., die genau wußte, wie weit er in seiner Entwicklung war, hat mir später, als ich mit ihr darüber sprach, meine Blindheit in bezug auf Martins geistige Fähigkeiten klargemacht.) Diese Entdeckung freute mich, brachte mich aber gleichzeitig aus der Fassung: Wie konnte ich seine Verhaltensweisen, seine Äußerungen so sehr mißdeuten, während es für mich auf der Hand lag, daß Anne hervorragend abschneiden würde?

# Kommentar: Die Gelegenheit ergreifen

Frau F. beginnt endlich, ihren Sohn zu bewundern und seine Fähigkeiten richtig einzuschätzen. Bis jetzt wußte sie nichts von seiner Vorstellungsgabe und zweifelte sogar an seiner Intelligenz.

Während der Sitzungen mit den Marionetten leidet Frau F. darunter, nicht die Mutterrolle spielen zu dürfen; sie glaubt, ihr Kind halte sie dessen nicht für würdig. Gleichzeitig fürchtet sie, auch von mir in dieser Hinsicht entsprechend beurteilt zu werden. Martin ahnt zwar, daß seine Mutter die Fähigkeit in sich trägt, eine gute Mutter zu sein, daß sie zuverlässig und verfügbar sein kann, läßt mich aber diese Rolle spielen, weil er fühlt, daß ich sie ausfüllen kann und seine Mutter ihr im Augenblick noch nicht gewachsen ist.

Martin hat plötzlich begriffen, daß das Spiel wichtig ist – er projiziert jetzt seine familiären Konflikte auf mich. Durch die Gestik und die »Sprache« von Marionetten lassen sich Konflikte besonders gut symbolisieren.

Frau F. erkennt nicht den Unterschied zwischen der Freiheit, die ich mir im Rahmen meiner Rolle nehme, und der Freiheit, die sie sich nimmt, wenn sie die Rolle verändert. Ganz im Gegensatz zu dem, was seine Mutter für richtig hält und wie sie sich üblicherweise verhält, überlasse ich es Martin, sich auszudrücken. Ich widerspreche ihm nicht, ich verändere die Rollen nicht, die er vorgeschlagen hat, und ich beeinflusse seine Einbildungskraft nicht. Doch im Rahmen meiner jeweiligen Rolle erlaube ich mir ab und zu, Initiativen zu ergreifen. Gewiß, ich spiele die Mutter, und ich halte diese Rolle konsequent durch. Doch als Mutter kann ich einmal Ja und einmal Nein zu meinem Kind sagen, wie alle Mütter es tun.

Während dieser Sitzungen steigert sich Frau F.s Verlangen,

einzugreifen und an Martins und meiner Stelle zu handeln. Es liegt auf der Hand, daß sie fürchtet, in ihrer affektiven Beziehung zu Martin durch mich verdrängt zu werden. Beim Spiel mit den Marionetten hätte sie Gelegenheit, die Rolle der Mutter so zu spielen, wie sie der Erwartung Martins entspricht. Doch sie ist noch nicht bereit, diese Gelegenheit zu ergreifen: Sie hat noch nicht verstanden.

# 8 Die Geschichte des kleinen Mädchens

Nach den Sitzungen, die dem Marionettenspiel gewidmet waren, beginnt Martin zum ersten Mal zu zeichnen.

Seine erste Zeichnung stellt ein kleines Mädchen dar, dessen Geschichte ihm die Großmutter vor einigen Tagen erzählt hatte. Meine Mutter erzählt oder erfindet tatsächlich oft Geschichten, die ihre Enkel entzücken. Diese Geschichte hatte er voll Staunen vernommen. Es handelte sich um ein kleines Mädchen, das sich weigerte, etwas anderes als Zucker zu essen, und vor allem wies es stets seine Suppe zurück. Man hatte ihm vorausgesagt, daß es ganz klein werden würde, wenn es so fortführe. Eines Tages wurde es tatsächlich in auffallender Weise kleiner. Es hatte schreckliche Angst, so klein zu bleiben, und verschlang gierig seine Suppe, um seine normale Größe wiederzuerlangen. Wenn es zufällig wieder einmal zuviel Zucker aß oder seine Suppe ablehnte, wurde es von neuem kleiner.

Martin zeichnet also das kleine Mädchen in normaler Größe, dann ganz klein, dann wieder in normaler Größe usw.

Nachdem die Zeichnung fertig ist, sagt mir Frau M., nach ihrer Meinung sei ich das kleine Mädchen, und es gelinge Martin nicht, mich stets in derselben Größe wahrzunehmen. Er kann nicht jederzeit die Mutter in mir sehen.

Dies ist übrigens nur eine andere Art zu zeigen, daß ich, wie schon beim Bambi-Spiel, immer die Rolle eines kleinen Freundes gespielt habe und niemals die der Mutter.

In der Tat leide ich sehr unter den Schwierigkeiten, die es mir bereitet, meine Mutterrolle richtig auszufüllen, mich wirklich als Martins Mutter zu fühlen. Ich weiß nie, wie ich mich ihm gegenüber verhalten soll. Soll ich ihn zum Essen zwingen oder nicht? Muß ich mich von ihm schlagen lassen, seine unzähligen

Ansprüche stets akzeptieren? Wann muß ich Nein sagen usw.? Es ist mir unmöglich, der Mutterrolle, die mir bei meinen älteren Kindern Marie und Anne so leichtgefallen ist, ihm gegenüber gerecht zu werden. Alles ist problematisch.

Als mir bewußt wird, daß Martin all das gespürt hat, ist diese Erkenntnis für mich gleichzeitig schmerzlich und wohltuend. Es ist, als würden sich meine Schwierigkeiten in denen Martins widerspiegeln.

Frau M. spürt dies sicherlich alles und versäumt keine Gelegenheit, meine Tüchtigkeit als Mutter bei kleineren Anlässen herauszustreichen. Zum Beispiel beim Zubinden von Schnürsenkeln, beim Ballwerfen, dem Ausdenken eines Spiels, der Beantwortung einer Frage. Sie sagt dann jedesmal: »Ja, die Muttis wissen, wie man so was macht, die Frau M.s wissen das nicht.« Sie nimmt in gewisser Weise alles Schlechte auf sich und läßt mir das Gute zukommen. Das ist eine Art Wiederherstellungsprozeß, in dem Martin mich als »gut« entdeckt, ebenso wie ich ihn als anziehend entdecke und aufhöre, ihn als schlecht zu erleben. Frau M. entwertet sich, indem sie mich aufwertet, ohne dadurch ihr Ansehen zu verlieren.

Bei unseren wechselseitigen Entdeckungen spielt sie ein wenig die Rolle des Katalysators. Im allgemeinen »entziffert« Frau M. am Ende jeder Sitzung diese für mich, was ich sehnlich wünsche. Mir scheint, daß ich ohne diese Erklärungen nichts verstanden, also auch nichts gelernt und die Sitzung mir folglich auch nichts genützt hätte. Was am meisten »bedeutet«, das erkenne ich noch nicht: daß Martin sich ausdrücken kann. Doch er erträgt es auch schlecht, daß Frau M. mit mir spricht; wir dürfen niemals miteinander reden. Die Sitzung gehört ihm – er ist es, der das Wort erteilt.

Martin haßt es zu gehen, wenn die Sitzung zu Ende ist. Er erträgt es nur, wenn Frau M. etwas versteckt, was er später an seinem Platz wiederfindet. Man muß ihn lange im voraus auf das Fortgehen vorbereiten.

# Kommentar: Die beunruhigenden Veränderungen

Martin zeichnet zum ersten Mal, und er wählt haargenau Themen, die ihn ängstigen: etwa die beunruhigende Veränderung, die durch Nahrung bewirkt werden kann. Nachdem die Zeichnung fertig war, hatte ich Frau F. gesagt, das kleine Mädchen, das sich verändert, sei sie; Martin könne sein Bild von ihr als Mutter nicht in seiner wirklichen Größe festhalten. Die folgende Sitzung, die Frau F. vergessen hat, erhellt diesen Aspekt der Geschichte; sie zeigt, wie sehr Martin unter der Unfähigkeit seiner Mutter, ihre Rolle zuverlässig auszufüllen, gelitten hat.

Dasselbe kleine Mädchen stellt aber auch Martin dar: *Er* will die Suppe nicht essen, die die Mutter ihm geben will. Der Zukker ist ein regressives, gutes Babynahrungsmittel. Die Suppe kam ihm gefährlich vor, weil ihm die Mutter gefährlich vorkam. Wir wissen ja, daß er zu Hause schlecht ißt, daß er alles ablehnt, was neu ist und ihn wachsen lassen könnte.

Ich versäume niemals, die Rolle der guten Mutter von Frau F. hervorzuheben. Martin muß sie tatsächlich diese Rolle spielen sehen, und Frau F. muß sie spielen. Deshalb hebe ich alles hervor, was an ihrem Verhalten mütterlich erscheinen könnte. Frau F. hat sich natürlich noch nicht wirklich verändert, doch Martin beginnt – wie sie selbst – zu spüren, wo die Schwierigkeiten in ihrer Beziehung ihren Ursprung haben. Für die Aggressivität seiner Mutter kann sich Martin mit Hilfe seiner Spiele an mir rächen. Er hat mich schon mehrmals »getötet«[1]. Nachdem er akzeptiert hat, daß ihm hier eine schlechte Mutter zur Verfügung steht, kann er sich endlich über die gute freuen.

1 Im Verlauf der Behandlung anderer Kinder ist es mir schon passiert, daß man mir mit Klebestreifen den Mund verschlossen oder ein Kind mich in einen Wandschrank eingesperrt hat, während es vergnügt mit seiner Mutter spielte.

# 9 »Mein Bauch platzt!«[1]

Bei seinem Eintreffen sucht sich Martin unter den Spielsachen ein Plastikpferd aus. »Das soll die Mama sein,« sagt er, »und das ist ihr Baby« (er nimmt ein kleineres Pferd). Sie gehen spazieren, die Mama lehrt ihr Baby laufen. Das Baby läuft bald schneller als sie, und sie ist stolz auf es. Dann gehen sie essen. Das Baby ißt von allem und achtet darauf, daß auch die Mama ißt. Dann verwandelt sich der Papa in die Mama, das Baby verwandelt sich in die Mama, und die Mama verwandelt sich in das Baby. Schließlich sterben alle... Ich mache Martin darauf aufmerksam, daß sie sterben, wenn sie sich verwandeln. Wenn Martin groß ist, wird er wie der Papa sein und so bleiben. Martin erwidert nichts. Er holt sich das Fläschchen und tut ein Weilchen so, als wäre er ein Baby, indem er am Schnuller saugt. Dann geht er zu dem kleinen Herd, sammelt die Figuren auf, die Tiere oder Personen darstellen, und kocht sie. »Die sind alle tot«, sagt er. Er tut so, als äße er sie auf: »Das ist ja köstlich, aber mein Bauch platzt! Jetzt kommen sie wieder raus...«

1 Aufzeichnungen von Frau M. nach der Sitzung, die Frau F. vergessen hatte.

# Kommentar: Verkehrte Welt

Damit ein Kind größer werden will, muß es das Verlangen haben, den Erwachsenen zu gleichen, die es umgeben. Außerdem müssen diese Erwachsenen gefestigte Persönlichkeiten sein, an die es sich halten kann, die sich nicht verändern, die ihren Erwachsenenstatus wahren, ihre Rolle spielen und ihren Platz als Vater und Mutter behaupten. Bei Martin war das nicht der Fall gewesen. Was Frau F. angeht, so läßt alles, was sie über ihre Vergangenheit berichtet hat, klar erkennen, daß sie sich in den Augen ihres Sohnes ständig veränderte. Herrn F. wiederum bereitete es Schwierigkeiten, seine Rolle als Vater zu spielen; der Platz, den seine Frau in der Familie einnahm, seine eigene Persönlichkeit (er war eher ängstlich), seine Familiengeschichte hinderten ihn daran. Ferner mußte er wegen der Probleme, die Martin seit seiner Geburt bereitete, und der Erschöpfung seiner Frau diese bei Martin oft »ersetzen«. In der Sitzung, in der es um die Geschichte des kleinen Mädchens ging, und noch mehr in der Szene, in der sich die Pferde verwandeln, drückt Martin durch sein Spiel und seine Geschichten aus, daß es ihm nicht gelingt, seinem Vater und seiner Mutter einen festen Platz zuzuweisen, da beide sich verwandeln und einen anderen Platz in der Familie einnehmen. Wie Frau F. berichtet, war es ihr nach ihrer Fehlgeburt nicht möglich, Martin den Platz des Kindes, geschweige den des Sohnes zuzugestehen. Noch weniger hat sie ihren Platz als Mutter eingenommen.

In Martins Geschichte wird das Pferdebaby zur Mama; die Mutter bleibt ein Baby. Aber sie sterben daran. Vielleicht versucht Martin seine Mutter zu beherrschen, ein wenig aus eigener Kraft zu leben: Das Kind gibt zu essen, es läuft schneller, schließlich ist man stolz auf es ... Aber das ist eine verkehrte Welt, nichts ist sicher, nichts ist normal. Die Ungewißheit, in der Martin lebt, ist tödlich.

Die Bemerkung über das Essen, das er sich selbst zubereitet, ist interessant: Er findet seine Suppe köstlich, während ihm in Wirklichkeit keine Speise gut schmeckt und er nicht gern ißt. Doch was er hier im Spiel ißt, das ist nicht die mütterliche Nahrung, die ihm gefährlich erscheint, es ist das, was er sich selbst zubereitet: seine Suppe. Indem er seine seltsame Kadaverspeise hinunterschlingt, bekundet er gewissermaßen ein Allmachtsverlangen. Wenn er dann sagt, daß »sein Bauch platzt«, versucht er sich wahrscheinlich von seinem Schuldgefühl zu befreien.[1]

Im übrigen bemühe ich mich, Martin zu versichern, daß er später wie sein Vater sein wird, aber diese Perspektive ist für ihn vorläufig noch unvorstellbar. Er will noch klein bleiben, sich selbst beruhigen, indem er das Baby spielt. Die folgenden Sitzungen werden zeigen, an welchem Punkt dieses Verlangen von größter Wichtigkeit ist.

1 Indem er die Toten wiederbelebt.

# 10 Die Lust am Bemuttern

Wir sind jetzt in der Vorweihnachtszeit immer in der kleinen »Küche«, in der Martin sich so wohl fühlt und wo er nach Herzenslust spielen kann. Er stellt fest, daß es ein Kinderbett aus Holz gibt, das er bisher nie wahrgenommen hat. Er legt sich hinein und rollt sich zusammen. Nachdem er die richtige Lage gefunden hat, verlangt er ein Fläschchen. Diesmal verlangt er es von mir und nicht von Frau M. Ich mache das Fläschchen mit Wasser am Spülstein zurecht, bringe es ihm und gebe es ihm zu trinken. Sobald er das Fläschchen geleert hat, steht er auf und klettert auf meinen Schoß, um sich liebkosen zu lassen. Dann geht er wieder in sein Bett und verlangt aufs neue die Flasche.

Die ganze Sitzung vergeht auf diese Weise. Martin legt sich ins Bett, ich füttere ihn, er klettert danach auf meinen Schoß, um gehätschelt zu werden, ich liebkose ihn, bemuttere ihn, schmuse mit ihm.

Während der ganzen Zeit redet Frau M.: »Hmm, Mamas Fläschchen ist aber gut. Das läuft hinunter, das ist so süß, so warm, da ist Zucker drin. Mama weiß, wie man gute Fläschchen macht. Sie hat die guten Fläschchen für ihren kleinen Martin zurechtgemacht. Sie wiegt ihn, sie hätschelt ihn...« Diese Kommentare haben auf mich eine zwiespältige Wirkung. Vor allem verursachen sie mir starke Schuldgefühle, da ich sehr wohl weiß, daß das, was Frau M. sagt, nicht stimmt: Ich habe Martin nicht mit solchem Vergnügen gehätschelt, gewiegt, liebkost, als er ein Baby war. Doch ich kann es jetzt tun, und das ist wie eine wunderbare Heilung. Es gibt nichts, was nicht wiedergutzumachen wäre, und ich bemuttere Martin in dieser Sitzung mit großer Freude.

Ich habe schon erkannt, daß Martin ein interessantes und intelligentes Kind ist, daß er schwierige Probleme lösen muß, die zu meinen eigenen in Beziehung stehen. Doch in dieser Sitzung entdecke ich die ungetrübte Liebe, die warme, herzliche Gefühlsbeziehung, den Austausch mit meinem kleinen Jungen ohne Hintergedanken, ohne Schwierigkeiten, ohne Schuldgefühl. Ich kann das Gefühl von Wiederherstellung und das Gefühl der unendlichen Dankbarkeit gegenüber der Therapeutin kaum beschreiben, die mich erfüllen. Es ist wie eine Entlassung aus der Gefangenschaft.

# Kommentar: Zusammen glücklich sein

Man spürt in den Worten der Mutter das tiefe Gefühl und die Bedeutung dessen, was geschieht.

Martin hat in seiner Entwicklung große Fortschritte gemacht, um soweit zu kommen, doch seine Mutter ebenso: Die Therapie war für beide bestimmt.

Wir tragen zu einer regelrechten Wiederbelebung der Beziehung zwischen Frau F. und ihrem Sohn bei. Für beide ist diese neue Bindung lustvoll; die Therapie hat ihnen diese Wiederherstellung, diese Regression ermöglicht. Von außen gesehen, könnte das, was sich zwischen beiden während der Sitzungen abgespielt hat, seltsam erscheinen: wie sich diese Mutter mit einem fünfjährigen Jungen beschäftigt, als wäre er noch ganz klein. Doch sie kommen sich nicht lächerlich vor, und sie sind es auch nicht. Frau F. denkt nicht mehr an den Eindruck, den sie auf mich machen könnte; meine Anwesenheit stört sie nicht mehr. Im Gegenteil, ebenso wie Martin empfindet sie mein Einverständnis.

Bisher hatte Frau F. auch schon ihr Bestes getan, um sich mit Martin zu beschäftigen, doch immer mit Zurückhaltung und Schuldgefühlen. Jetzt brennt sie darauf, sich mit ihm wie mit einem Baby zu befassen, was ihr früher nicht möglich gewesen war. Sie hat endlich die Erinnerung an ihre Fehlgeburt abgeschüttelt; sie löst sich von dem Kind, das sie verloren hat. Martin reagiert freudig auf dieses Verhalten seiner Mutter, welches ihm erlaubt, das zu tun, was er früher nie tun konnte.

Diese Sitzungen beweisen, wieviel gefühlsmäßige Bedeutung den täglichen Handreichungen bei der Pflege, dem Füttern eines Säuglings zukommt, die so selbstverständlich wirken. Tatsächlich sind es nicht so sehr die Gesten selbst, die für Mutter und Säugling zählen, sondern das, was man ihre »affektive Ladung« nennen könnte. Zwei Mütter können ihr Kind scheinbar auf die gleiche umsorgende Weise halten, doch die eine wird ihren Wunsch hineinlegen, das Kind zu besitzen, es für sich zu behalten, es zu hindern, »sein Leben zu leben«. Die andere wird ihm Schutz und Sicherheit geben, ohne deshalb seine Freiheit einzuschränken; ja, mehr noch: Sie wird sogar die Fundamente dafür legen, daß es später zur Autonomie gelangen kann.

Diese Gefühlsintensität nimmt das Kind mit seinem ganzen Körper wahr; es erfaßt instinktiv die wahre Persönlichkeit seiner Mutter in einer Art Osmose, in der seine ganze Sensibilität wach ist.

In den Sitzungen wird die affektive Ladung dieses früheren Stadiums wiederhergestellt: Dieselben Gesten werden wiederholt, aber diesmal sind die beiden Partner im »Einklang« miteinander – es entsteht eine glückliche Kommunikation.

Die Behandlung eines Kindes, dessen frühe Kindheit noch nahe ist, ermöglicht es eher als die eines Erwachsenen, jene uranfänglichen Szenen an die Oberfläche zurückzuholen, in denen sich die Beziehungen zwischen Mutter und Kind ungünstig gestalteten.

Alice Doumic-Girard drückt es folgendermaßen aus:

> »Die Rolle der Mutter wird vornehmlich im Wettmachen von Mißerfolgen bestehen, darin, die Reifung wieder in Gang zu setzen. Das so häufige ›Mißverständnis‹ Mutter-Kind muß in vielen Fällen auf der gleichen (oder annähernd gleichen) Entwicklungsstufe behandelt werden, auf der die Störung eintrat.«[1]

Sehr oft erlebt das Kind in der Therapie Beziehungskonflikte und -probleme durch ein Spiel mit der Therapeutin noch einmal. Martin geht so weit, daß er fast auf das Spiel verzichtet, um diese Konflikte mit seiner Mutter unmittelbar wiederzuerleben.

1 A. a. O.

# 11 Der Traum vom Menschenfresser

In der folgenden Sitzung legt sich Martin wie üblich in das Bettchen und fordert sein Fläschchen, das ich wie beim letzten Mal am Spülstein zubereite. Plötzlich fängt er an, sich in die Fäuste zu beißen, wie er es zu tun pflegte, als er noch ganz klein war, wenn die Flasche nicht schnell genug kam. Dann jammert er ein bißchen, und mit einem Mal bricht er vor Frau M. und mir, die wir vollkommen sprachlos und bestürzt sind, in das ganz charakteristische Weinen des Neugeborenen aus.

Ich bin tief bewegt. Ich bringe das Fläschchen, er stürzt sich gierig darauf, beißt in den Boden der Flasche und krümmt sich vor Wut. Das ist kein Spiel mehr, sondern ein Augenblick aus seinem Leben, den er gerade vor unseren Augen mit großer Heftigkeit wiedererlebt. Frau M. sagt mit sanfter Stimme: »Als du klein warst und das Fläschchen nicht schnell genug kam, warst du wirklich sehr böse und wolltest das Fläschchen essen, du wolltest sogar deine Mama essen, so böse warst du.«

Daraufhin erzählt Martin sofort einen Alptraum, den er gehabt hat: Er hat einen Menschenfresser gesehen, der ihn fressen wollte und der ihm schreckliche Angst eingejagt hat. Frau M. sagt dazu: »Weißt du, Martin, als du so böse warst, daß du deine Mama essen wolltest, hattest du auch Angst, daß die Mama dich ißt. Aber Mütter fressen ihre kleinen Kinder niemals.«

Martin hört zu, ohne etwas zu sagen; nichts scheint sich verändert zu haben, und doch hat er von diesem wahrhaft historischen Augenblick unseres Lebens an nie mehr unbeherrscht auf irgendwelche Leute eingeschlagen, wie er es vorher oft getan hatte. Diese Szene ist für mich die entscheidendste meines ganzen Zusammenlebens mit Martin geblieben.

Ich entdecke, ich sehe mit eigenen Augen, daß die Welt meines Kindes eine schreckliche Welt war – daß sie von der Furcht beherrscht war, zerstört, gefressen, verschlungen zu werden.

Nachdem er mit seinem Pistolenspiel die Angst ausgedrückt hatte, getötet zu werden, wird nun durch die Geschichte des Menschenfressers seine Angst, gefressen zu werden, offenbar. Dieser Furcht, verschlungen zu werden, entsprechen der Wunsch und die Angst zu verschlingen; das zeigte sich ganz deutlich, als er mit solcher Heftigkeit in den Boden der Flasche, ins Holz des Bettes und in seine Fäuste biß.

Alle normalen Errungenschaften seines Alters hatten sich in diesem unterirdischen Universum angesammelt, das jene isolierten aggressiven Handlungen provozierte, die ich mir nicht erklären konnte.

Die Angst, verschlungen zu werden, wird nicht an einem Tag beseitigt; sie wird in den nächsten Sitzungen wiederkehren. Doch mit Hilfe der Spiele kann Martin sie frontal angehen, damit spielen und sich schließlich vollkommen davon befreien.

# Kommentar: Mütter fressen ihre Kinder nicht

Martin gestaltet sein Spiel selbst. Er zeigt uns in dieser Sitzung, daß er nicht mehr spielt, sondern daß er seine ganze frühe Kindheit, seine Verschlingungsphantasien und seine aggressiven Machtwünsche vor den Augen seiner Mutter wiedererlebt. Zur Zeit, als er sie erstmals erlebte und es normal war, sie zu erleben, konnte er die Angst, seinerseits verschlungen zu werden, nicht meistern.

Warum? In welchem Maße stand Frau F. seinerzeit zur Verfügung? Wie hat sie auf die Angst ihres Kindes reagiert? Es steht jedenfalls fest, daß sie es nicht zu beruhigen und zu beschützen vermochte. Selbst unsicher, wurde sie durch ihren Mangel an Selbstvertrauen und an Vertrauen zu Martin für ihn zu einer Gefahr. Sie konnte ihm daher auch nicht begreiflich machen, daß er keine Angst vor ihr zu haben brauchte. Frau F. sagte mir übrigens später, als sie diese Zeilen las, daß sie während der Schwangerschaft das Gefühl gehabt habe, von Martin verschlungen, ja, zerstört zu werden, und daß sie bei seiner Geburt entkräftet, vollkommen »ausgepumpt« gewesen sei.

Indem ich Martin erklärte, daß Mütter ihre Kinder nicht fressen, erlaubte ich ihm zu »phantasieren«, ohne befürchten zu müssen, daß sich seine Phantasievorstellungen in Realität umsetzen und jene Realität zur Gefahr für ihn würde. Er darf phantasieren, daß er seine Mutter verschlingt, ohne seinerseits verschlungen und für seine aggressiven Gedanken bestraft zu werden. Diese Angst, so eingebildet sie auch war, wurde von Martin dennoch als ganz real erlebt. Er sieht jetzt, woher die Gefahr kam: Seine Mutter war gefährlich, sie ist es nicht mehr, und er kann sich gegen sie wehren. Die Phantasie, die nun von der Realität gut unterschieden wird, kann sich sogar als nützlich erweisen.

Frau F. wiederum kann jetzt ihren Sohn beruhigen, ihn beschützen und ihre Mutterrolle ausfüllen, ohne von ihren eigenen Befürchtungen und Ängsten darin beeinträchtigt zu werden.

Martin, Frau F. und ich brauchten das alles nicht mehr genau zu wissen: Die hier vorgelegte theoretische Begründung vermittelt unseren unmittelbaren Eindruck nicht ausreichend angesichts dieser Szene, die wir so intensiv erlebt haben.

# 12 Die Krokodile

Zu diesem Zeitpunkt der Behandlung wechseln wir wieder die Örtlichkeit. Wir verlassen also die nette »Küche«, von der ich noch nicht gesagt habe, daß sie an kleine Kammern grenzte, in die Martin oft mit sichtlichem Vergnügen hineinging. Es gab da auch zwei kleine Stufen, und es machte ihm Spaß, sie abwechselnd allein oder mit meiner Hilfe hinunterzuspringen. Mit dem bisherigen Ort verlieren wir auch ein wenig von der absoluten Freiheit, die wir hatten, denn in jenem Raum war nichts zerbrechlich; man konnte mit Wasser herumspritzen, gegen die Möbel stoßen usw.

Der Raum, in den wir nun gehen, hat helle Wände, die man nicht schmutzig machen darf, und zerbrechliche Möbel. Frau M. wird mehr Dinge verbieten müssen, aber die Behandlung wird dadurch in keiner Weise beeinträchtigt werden. Das Zimmer ist hübsch; es gibt ein Sofa und einen Sessel, die sicherlich viel bequemer sind als die Stühle in unserer »Küche«, doch sind sie nicht so spezifisch für die Kleinen bestimmt. Ein Badezimmer gleich nebenan wird Martin sehr beschäftigen. In der Mitte des Zimmers liegt ein großer Teppich.

Wir richten uns ein, und Martin erklärt, daß sich auf dem Teppich Krokodile tummeln. Infolgedessen müssen wir die Füße hochhalten, wenn wir nicht gefressen werden wollen.

Martin nimmt die Bleistifte, die herumliegen (und im Prinzip zum Zeichnen bestimmt sind!), und beschließt, sie als Waffen gegen die Krokodile zu benutzen. Er teilt diese Waffen an uns aus, je nach Lust und Laune, nach seinen Bündnissystemen und nach den Gefahren, die uns bedrohen. Er warnt uns, daß die Echsen sich nähern, sagt uns, von welcher Seite sie kommen und wen sie angreifen werden . . .

Er verteidigt sich mutig selbst, aber in gleicher Weise auch uns! Das alles tut er ernsthaft, doch ohne Panik; niemals werden wir zur dramatischen Intensität jener Sitzung zurückkehren, in der es um den Menschenfresser ging. Und dennoch ist dieses Spiel wichtig genug, um mehrere Wochen hintereinander wiederholt zu werden.

In jeder Sitzung werden die Krokodile von Martin und von uns vernichtet, und jedesmal werden sie neu geboren.

Es ist sehr wichtig, die Krokodile zu töten, aber das führt dazu, daß die Minen der Bleistift-Waffen zerbrechen. Frau M. erneuert sie geduldig und unermüdlich, ebenso wie sie die Fläschchen immer wieder zustöpselte (Martin bittet nie mich darum). Nach der Sitzung will er die Bleistifte oft mitnehmen. Frau M. erlaubt es nicht, doch als Entschädigung versteckt sie sie, und Martin findet sie dann im gewählten Versteck, wenn er wiederkommt, und darüber ist er sehr glücklich.

Doch eines Tages erklärt er plötzlich: Es gibt keine Krokodile mehr, sie sind alle tot. Ich stelle meine Füße auf den Boden und sage: »Um so besser; ich hatte auch wirklich genug davon, die Füße in die Luft zu strecken.« Frau M. sagt mit völlig natürlichem Ausdruck, der mich verblüfft: »Wenn Krokodile da sind, muß man sie töten.« Allerdings!

Während der Krokodil-Sitzungen habe ich den Eindruck, daß Martin seine Furcht, verschlungen zu werden, von Woche zu Woche abbaut, sie mehr oder weniger spielerisch und immer weniger intensiv angeht, und daß sie zum Schluß ganz plötzlich vorbei ist. Es ist für mich ein phantastisches Erlebnis, bei der Bewältigung von Phantasien mitgewirkt zu haben, die ihm soviel Angst eingeflößt hatten.

Nach diesen Sitzungen, in denen wir uns mit Bleistiften von den verschlingenden Krokodilen befreit haben, benutzt Martin die Bleistifte auch weiterhin für andere Zwecke als die üblichen. Zu den Spielsachen gehört ein kleiner Küchenherd aus Pappe, auf den Martin mit aller Kraft mit seinen Bleistiften einschlägt. Er will ihn so stark wie möglich beschädigen und durchlöchern. Wieder zerbricht er die Minen, und zwar mit voller Wucht und geradezu gehässig. Er wirft die Bleistifte auch wütend gegen die Wände, was Frau M. veranlaßt, »Nein« zu sagen. Dabei entdecke ich, daß Martin es zu ertragen beginnt, wenn man »Nein« sagt.

Zu Hause ist er weit weniger aggressiv. Mir gegenüber ist er immer noch sehr »klebrig«; oft sagt er: »Aber ich habe Lust dazu« oder »Ich habe keine Lust«, um seine sämtlichen Taten einzig und allein damit zu rechtfertigen. Versagungen kann er noch immer schwer ertragen, und er ißt auch weiterhin schlecht. Doch er fügt sich reibungslos in die Familie ein und ist nicht mehr grundlos aggressiv. Seine Erzieherin im Kindergarten, die über die Therapie auf dem laufenden ist und anfangs seine mangelnde Umgänglichkeit, seine »heimlichen Püffe« beklagt hatte, berichtet mir jetzt von seiner fortschreitenden Integration in die Gruppe und von seiner sehr ausgeprägten Intelligenz.

# Kommentar: Das Recht, sich zu verteidigen

Von nun an empfindet es Martin als sein Recht, sich zu verteidigen, den Aggressor zu töten. Die Krokodile beißen und verschlingen: Indem er sie vernichtet, hindert er seine Mutter symbolisch daran, ihn zu beißen und zu verschlingen. Die Mutter ist anwesend, sie nimmt an der Jagd teil. Bis dahin hatte eine ihrer Methoden, Martin zu »beißen«, ihn zu kastrieren, darin bestanden, sich unaufhörlich in alles einzumischen und alles zu steuern, was er tat. Mit dem Fortschreiten der Therapie lernt sie, ihn spielen zu lassen: Ohne daß ich es ihr gesagt habe, hat sie verstanden, wie wichtig es für Martin ist, seine Phantasien auszuleben, bis sie sich erschöpfen. Gleichzeitig sagt uns Frau F., daß Martin im Kindergarten keine impulsiven Attacken mehr verübt. Er beherrscht allmählich seinen Aggressionstrieb.

Die Bleistift-Waffen werden zu einem äußerst wichtigen Gegenstand, der seine Männlichkeit repräsentiert. Doch bevor er sich ihrer zu seiner Verteidigung bedient, werden die »Minen« zerbrochen: das ist eine symbolische Kastration[1]. Die Schlacht, die er eröffnet, ist die Schlacht um seine noch unsichere Männlichkeit. Indem ich die Bleistifte neu spitze, sie für ihn verstekke, gebe ich ihm das Recht, sie aufs neue zu benutzen, was ihn symbolisch in seinem Wunsch und in seinem Recht bestätigt, ein Junge zu sein.

Als Martin die Bleistifte in einem späteren Stadium ausschließlich benutzt, um Schaden und Zerstörung damit anzurichten (beim Küchenherd aus Pappe, den Wänden), und nicht zu seiner Verteidigung, bin ich gezwungen, seinen zerstörerischen Handlungen in der Realität eine Grenze zu setzen, wäh-

1 Siehe Glossar.

rend ich ihn in seinen Phantasien niemals eingeschränkt habe. In diesem Augenblick muß Martin unbedingt spüren, daß »gewisse Grenzen nicht überschritten werden dürfen«, wenn er zu anderen gute Beziehungen unterhalten, mit sich selbst zufrieden sein will.

# 13 Plötzlich kann er lesen

Wir nähern uns jetzt dem Osterfest, und in dieser Zeit fängt Martin zum ersten Mal an, die Tiere im Kasten zu klassifizieren. Er legt jetzt die Schlechten auf die eine Seite und die Guten auf die andere, während vorher die einzig mögliche Beziehung im gegenseitigen Verschlingen bestand.

Zu dieser Zeit bemerke ich, daß Martin innerhalb von zwei Wochen lesen gelernt hat. Er ist fünfeinhalb Jahre alt.

Trotzdem ist er noch nicht im Vorbereitungskurs für die Schule, sondern bei den größeren Kindern im Kindergarten. Die Erzieherin drängt keineswegs darauf, daß die Kinder lesen lernen, aber sie gibt denen, die es wollen, die Möglichkeit dazu. Ich erfahre, daß Martin der einzige ist, der lesen kann. Er erzählt mir viel und ist glücklich, daß die Erzieherin ihn gebeten hat, einigen seiner Spielkameraden vorzulesen, während sie mit anderen beschäftigt ist.

Er freut sich auch sehr darüber, daß er zu denen gehört, die den Stadtteil durchstreifen dürfen, um einen Plan der Straßen anzulegen, die sich in der Nachbarschaft des Kindergartens befinden. Ich beschließe, die Erzieherin aufzusuchen, die, wie gesagt, hinsichtlich seiner Psychotherapie auf dem laufenden ist. Sie sagt mir: »Martin hat großartige intellektuelle Fortschritte gemacht. Sowohl in bezug auf den Wortschatz und das Lesen als auch in bezug auf das mathematische Verständnis. Auch sein Betragen hat sich sehr gebessert. Er zeigt noch eine Neigung zu heimlichen Neckereien, aber keine Spur von Aggression mehr, im Gegenteil: Er liest seinen Spielkameraden vor; man fängt an, seine Gesellschaft zu suchen, seine Fähigkeiten zu entdecken; er jagt niemandem mehr Angst ein. Wenn ich Martins Entwicklung nicht selbst verfolgt, mit eigenen Augen beobachtet hätte, ich würde eine solche Wandlung niemals für möglich halten.«

Diese Erzieherin ist schon ziemlich alt, der Pensionierung nahe, äußerst verständnisvoll und zugleich jung im Geist, was Martin Sicherheit gibt. Sie besitzt eine reiche Erfindungs- und Vorstellungsgabe, die die Kleinen begeistert. Martin bewundert sie und fühlt sich von ihr unterstützt und verstanden. Das wirkt sich auch positiv auf die Behandlung aus. Die Erzieherin »glaubt daran«.

Auch zu Hause verändert sich Martin sehr. Er benutzt Redewendungen, die in seinem Alter selten sind und mich sehr amüsieren: z. B. »übrigens« oder »in jedem Fall«. Seine Schwestern entdecken ihn, sozusagen; sie interessieren sich jetzt für ihn und für das, was er tut. Aber alles wird davon überstrahlt, daß tatsächlich niemand mehr Angst vor ihm hat. Die Unmöglichkeit, seine aggressiven Ausbrüche vorauszusehen, hatte uns wirklich erschreckt und ständige Ablehnung und Mißtrauen hervorgerufen.

Was mich betrifft, die ich den Umfang seiner Probleme erkannt und seine überaus günstige Entwicklung beobachtet habe, so bin ich voller Hoffnung, geduldiger und aufmerksamer. Trotzdem wäre es mir lieber, wenn er nicht so oft an meinen Rockschößen hängen würde; ich fühle, daß noch nicht alle Schwierigkeiten überwunden sind.

Nur sein Vater hatte sich immer natürlich und tolerant ihm gegenüber verhalten. Er tut es immer noch und nimmt die Veränderung mit Freude zur Kenntnis. Zu diesem Zeitpunkt der Behandlung bittet Frau M. darum, ihn zu sehen. Diese Begegnung ist für Martin, für mich und auch, wie mir scheint, für den Fortgang der Therapie von sehr wohltuender Wirkung. Ich bin glücklich, daß mein Mann an der Entwicklung nun unmittelbar Anteil nimmt.

Nach diesem Treffen beschäftigt sich mein Mann stärker mit Martin, nimmt seine Vaterrolle besser wahr, ist zugänglicher und steht öfter zur Verfügung. Er spielt viel häufiger mit ihm, und zwar »männliche Spiele«: Drachensteigen, Verfolgungsfahrten mit dem Rad usw. Ich fühle, daß zwischen ihnen ein Einvernehmen entsteht, an dem beide Gefallen finden.

Eines Tages fordert Martin, daß der Vater uns zu einer Sitzung begleiten solle. Er geht sehr gern mit. Bei dieser Gelegenheit spielt Martin wieder mit dem Telefon und überträgt dem Vater eine Rolle, die dieser aufs beste ausfüllt (Martin hatte dieses Spiel nicht mehr gespielt, seit er seinen Vater in der Dachkammer angerufen hatte). Mein Mann erzählte mir später, daß es ihm schwergefallen sei, an einem »Spiel« teilzunehmen, das wir seit langem praktizieren und von dem er sich mit Recht fragt, welchen Regeln es gehorcht. Doch diese Sitzung interessierte ihn außerordentlich, und er erkannte, mit welcher Intensität wir uns dieser Erfahrung widmeten. Ich bin sehr glücklich, daß er damit nun enger verbunden ist. Die Therapie hört ganz plötzlich auf, »meine Sache« zu sein, wie es anfangs der Fall war – sie ist zu »unserer Sache« geworden. Meine Eltern interessieren sich auch immer mehr für die Behandlung und freuen sich über Martins Veränderung; Onkel, Tanten, die Cousins und die Freunde sind darüber verblüfft und entzückt. Auch Martins Schwestern sind froh über die Veränderung ihres Bruders, aber sie müssen erst akzeptieren lernen, daß er seinen Platz im Hause jetzt stärker behauptet, und es gibt deshalb noch oft Streit.

# Kommentar: Dem Vater ähneln

Frau F. hat bemerkt, daß eine Beziehung zwischen Martins Fähigkeit, Gut und Böse zu unterscheiden, und der unmittelbaren Aneignung des Lesens besteht – die Beziehung, von den Eltern so selten verstanden, zwischen gefühlsbedingten Problemen und intellektuellem Niveau. Bisher war Martin zu sehr von seinen Problemen überwältigt worden, als daß man seine Intelligenz hätte richtig einschätzen können; seine Mutter hielt ihn für »zurückgeblieben«. Tatsächlich gibt er nun durch eine einzige brillante Leistung zu erkennen, was in ihm steckt, wobei seine Erzieherin eine hervorragende Rolle spielt. Sie glaubt an seine Möglichkeiten, an die Therapie, und ihre sehr positive Einstellung begünstigt die Entfaltung Martins geistiger Fähigkeiten im Kindergarten.

Auch zu Hause blüht Martin auf. Wenn die Therapie so gute Fortschritte macht, liegt es nicht so sehr an den symbolischen Spielen des Kindes, sondern an der neuen Einstellung der Mutter, die sich in allen Belangen des täglichen Lebens manifestiert. Nach den Sitzungen, die durch »Regression« gekennzeichnet waren und die ihr schließlich zur Freude an der Beziehung zu ihrem Sohn verhalfen, einer Freude, die er auch selbst empfand, akzeptiert sie nun, daß ihm das Spielen mit dem Vater Vergnügen bereitet.

Martin hat sich von seiner schlechten Mutter gelöst – der Menschenfresser, die Krokodile sind verschwunden. Jetzt muß er sich von der guten Mutter lösen, die ihn nährt und hätschelt, um sich mit seinem Vater zu identifizieren. Das verbirgt sich hinter Martins Forderung, ich möge Herrn F. um seinen Besuch bitten. Aus dieser Zeit datieren einige Zeichnungen, bei denen man einen eingeengten Vater und eine bedrängende Mutter erkennt. Seine geistigen Fortschritte, seine Erfolge im Kindergarten zeigen bereits an, daß er sich mit dem Vater identifiziert: Dieser ist sehr intelligent, besitzt eine hohe Abstraktionsfähigkeit und ist auf intellektuelle Leistungen ausgerichtet.

In Anbetracht seiner eigenen Familiengeschichte hatte es sich Herr F. bisher versagt, in bezug auf Martin als Vater zu handeln. Er liebte ihn, beschäftigte sich gern mit ihm und bildete zusammen mit seiner Frau ein echtes Paar, doch in der Beziehung zu seinem Sohn blieb irgend etwas immer an seine eigene Kindheit gebunden.

Bei unserer Begegnung – ich empfing Herrn F. allein – sagt er mir, daß er Martins Verhalten, der sich nach seiner Auffassung mit stereotypen Persönlichkeiten wie Zorro oder etwa einem Sheriff identifiziert, als allzu simpel empfinde. Aber Martin braucht einfache Modelle, um das Gute vom Bösen zu unterscheiden, um sich ein typisches Bild von Männlichkeit zu machen. Er wird sich dann später auf die Komplexität realer Situationen besser einstellen können.

Außerdem erscheint Herr F. gerade in diesem bestimmten Stadium der Therapie, an der er bisher nur durch die Berichte seiner Frau und seines Sohnes teilhatte. Er befürchtet, Martins und meinen Erwartungen nicht gerecht zu werden. Ich erkläre ihm, daß er für Martins Leben nicht nur nützlich sondern unverzichtbar ist. Ganz in seine Berufswelt verstrickt, dabei stets im Hause anwesend, fiel es ihm nicht leicht, eine in Angriff genommene Arbeit liegenzulassen, um mit seinem Sohn zu spielen. Doch er muß sich einschalten, um Martin von seiner Mutter zu lösen, und dafür sorgen, daß er die ödipale Beziehung aufgibt, die er noch immer zu ihr unterhält. Er wird dies einfühlsam tun, ohne die Mutter zu kritisieren, ohne zu sagen: »Mit mir geht das besser.« Die schlichte Tatsache, daß er ein neues Verhältnis zu seinem Sohn gefunden hat, macht die Rolle der Mutter weniger umfassend und leichter.

In diesem Augenblick schien es offensichtlich, daß Herr F. zu einer Sitzung kommen mußte. Diese Teilnahme des Vaters ist für die Behandlung absolut notwendig.

# 14 Ich mische mich zu oft ein

Martin wird jetzt zum Ernährer! Er geht auf die Jagd, um Nahrung herbeizuschaffen: Frau M. und ich sind seine Kinder. Er bringt Wild heim, kocht es auf dem kleinen Herd und gibt uns zu essen. Bevor er auf die Jagd geht, übergibt er Frau M. seinen Vorrat an Gewehrkugeln.

Daran erkenne ich deutlich, daß er noch immer um seine Integrität besorgt ist; er braucht jemand, der seine Waffen aufbewahrt. Ich frage mich auch, weshalb er sich nicht an mich wendet; das verwirrt mich. (Vier Jahre später frage ich Frau M. danach. Ihre Antwort bestürzt mich durch ihre Wahrhaftigkeit: »Sie hätten sie nicht für ihn aufbewahrt.« Tatsächlich hätte ich sicher ein anderes Spiel mit diesen Waffen vorgeschlagen; ich hätte sie wieder auf den Teppich gelegt oder ich hätte sie versteckt.)

In dieser Phase der Behandlung macht mir Frau M. ausdrücklich klar, daß ich mich zuviel in Martins Spiele einmische. Mir wird plötzlich bewußt, daß sie recht hat und daß ich an seiner Stelle handle. Ich empfinde eine Art Ungeduld, wenn ich sehe, wie er nach einem Spiel sucht, oder wenn ich auf einen Einfall warten soll. Ich schlage dann jedesmal etwas vor und lasse ihm keine Zeit zum Nachdenken.

Bis zu diesem Moment habe ich mir darüber absolut keine Rechenschaft gegeben. Nach Frau M.s Bemerkung denke ich darüber nach und erinnere mich nun im nachhinein, daß ich mich in sein Spiel eingemischt, die Themen seiner Marionettenaufführungen und die Art, wie man die Krokodile tötet, bestimmt habe usw. Bis dahin hatte mir Frau M. das im wahrsten Sinne des Wortes nicht verständlich machen können. Auf einmal wird es mir bewußt, und noch immer bin ich darüber traurig und verwirrt... Ich vergleiche dies mit meinem mitunter sehr heftigen Verlangen, bei kleinen alltäglichen Anlässen der

Familie meinen Willen aufzuzwingen, zum Beispiel die Wahl eines Menüs oder eines Ausflugs; oder damit, daß ich meinen Mann oder die Kinder mit einer Art fieberhafter Ungeduld antreibe, sofort und ohne Verzögerung etwa ein Möbelstück umzustellen oder ein Zimmer aufzuräumen. Sonst bin ich im allgemeinen geduldig und großzügig. Es gelingt mir nicht, alles, was sich an Widersprüchlichem in mir regt, unter einen Hut zu bringen.

Eine Kleinigkeit, die aber vielleicht bedeutungsvoll ist, fällt mir wieder ein. Frau M. wohnt im sechsten Stock. Jedesmal wenn wir ankommen, brennt Martin darauf, den Knopf des Fahrstuhls zu drücken. Er ist noch zu klein, um an den Knopf für den sechsten Stock heranzukommen. Es macht ihm Spaß, zuerst auf den Knopf zu drücken, den er erreichen kann, und wenn der Fahrstuhl dann stehenbleibt, muß ich ihn hochheben oder selbst auf den Knopf drücken, damit wir die Fahrt fortsetzen können. Es macht mich wahnsinnig wütend, diese Fahrt in zwei Etappen zu akzeptieren, weil ich finde, daß man dadurch Zeit verliert. Wenn ich dann versuche, vernünftig zu sein, und tue, was Martin wünscht, fühle ich eine ungeheure Ungeduld in mir aufsteigen, was sich darin äußert, daß ich den Atem anhalte. Es fällt mir auch schwer, ihn den Summer für die Tür betätigen zu lassen; er glaubt, es sei sein Haus und es käme ihm zu, die Türen zu öffnen. Er erträgt es nicht, daß ich es tue, und ich muß mein Verlangen zügeln, Dinge schnell zu tun, bevor er dazu kommt – als wäre es wichtig, keinen Augenblick zu verlieren...

Von dieser Sitzung an werde ich noch lange Zeit brauchen, um mich von dem Wunsch, mich einzumischen und zu handeln, zu befreien, der mir bis jetzt vollkommen unbewußt war. Doch daß er mir nun bewußt ist, ist ein ungeheurer Schritt nach vorn. Ich arbeite ernsthaft daran, dieses unbewußte Bedürfnis nach Herrschaft aufzuspüren, darüber nachzudenken und es zu verstehen. Mein Eheleben wird sich dadurch wohltuend verändern wie auch die Beziehung zu meinen Kindern.

Diese Infragestellung meiner selbst durchzieht nach und nach die ganze Therapie, ohne daß es wirklich schmerzlich für mich wäre, wenn auch für Augenblicke unangenehm. Gelegentlich werde ich von einem gewissen Ohnmachtsgefühl ergriffen, wenn dieser Drang trotz meiner Bemühungen wieder durchbricht. Dann, ganz allmählich, verringert sich das Verlangen nach Einmischung und Herrschaft mit Hilfe meiner Therapeutin, die ich seit einem Jahr aufsuche, und mit Hilfe von Frau M. Damit geht einher, daß Martin seine Autonomie erlangt.

# Kommentar: Hören und verstehen

Es scheint jetzt, daß Martin die »ödipale Krise«[1] überwunden hat; er identifiziert sich mit seinem Vater, gibt sich als »Mann«, Jäger und Ernährer. Seiner Mutter mißtraut er immer noch, und sie fühlt es und leidet darunter. Für ihn bin immer noch ich die gute Mutter, die aufbewahrt, was ihm wertvoll ist, ohne es für sich zu benutzen, die sich seiner nicht für ihre eigenen Zwecke bedient. Außerdem erkenne ich ihn uneingeschränkt so an, wie er ist; die Waffen, die er mir anvertraut, sind ein Symbol seiner Männlichkeit, welche seine Mutter seinem Gefühl nach noch keineswegs vollkommen akzeptiert.

Frau F. ist eine »schlechte Mutter« gewesen; sie konnte Martins Wünsche nicht befriedigen. Zwischen ihr und ihm erhob sich der Wall ihrer eigenen Probleme. Zunächst zweifellos, wie wir gesehen haben, das Erlebnis des Todes, das sie nach ihrer Fehlgeburt nicht vergessen konnte: In gewissem Sinne bedeutete für sie die Beschäftigung mit Martin, endgültig auf das andere Kind zu verzichten, d. h. es noch einmal zu töten. Außerdem hielt sie sich für unfähig, einen Knaben zu erziehen (Furcht vor der Verletzlichkeit seiner Genitalien; Befürchtung, daß er zurückgeblieben sei; Furcht, daß seine Männlichkeit weiter nichts als Aggressivität sei – Befürchtungen, die Frau F. deutlich zum Ausdruck gebracht hat und die in ihrer eigenen Geschichte wurzeln). Sie will jetzt ausgleichen, was Martin fehlt, sich selbst an seiner Stelle wie ein Junge aufführen und ihm bei dieser Gelegenheit das Recht verweigern, ein Junge zu sein. Doch gleichzeitig spricht sie sich das Recht ab, so zu handeln; sie will eine gute Mutter sein, wie ihre eigene Mutter es war. Angesichts all dieser Schwierigkeiten ist es ihr nicht mög-

1 Siehe Glossar.

lich, die gute Mutter zu sein, die sie sein möchte, und Martin zuzuhören, so sehr sie ihn auch liebt und alle Möglichkeiten in sich trägt, seine Entwicklung zu fördern.

Mit Hilfe der Therapie erkennt Frau F. nach und nach alle Fähigkeiten ihres Sohnes und die Tatsache, daß sie eine schlechte Mutter war. Doch sie sieht auch allmählich – für Augenblicke hat sie es schon ausprobiert –, daß ihre Beziehung zu Martin sich ändern, daß sie für beide gut und befriedigend sein kann. Bei dieser Entwicklung fällt mir eine Hauptrolle zu: Sie projiziert auf mich, was ihre Mutter und wahrscheinlich auch ihr Vater in ihren Phantasien repräsentieren. In diesem Stadium sieht Frau F. in mir jemanden, der Wissen und Autorität verkörpert. (Wir haben bereits gesehen, welche Bedeutung sie dem Eindruck beimißt, den sie auf mich machen könnte.)

Um ihre wahre Mutterrolle übernehmen zu können, muß sie sich selbst als Quelle von Wissen und Autorität empfinden, ohne von einer höheren Macht abzuhängen. Aber ich vertraue auf sie und mache ihr Hoffnung: Wenn die Entwicklung abgeschlossen ist, braucht sie sich weder auf ihre Eltern zu berufen noch auf mich – dann wird Martin sich auf sie berufen.

Durch die Therapie, die sie regelmäßig besucht, macht sie weitere Fortschritte, und Martins Behandlung schreitet im gleichen Tempo voran.

Ich habe Frau F. oft gesagt, daß sie sich zuviel einmischt, aber sie »hörte« es nicht. (Ungeheure Bedeutung der Worte, die gesagt werden müssen, und gleichzeitig Ohnmacht der Sprache, wenn die Tatsachen, die sie aufdeckt, vom Gefühl nicht aufgenommen werden können.) Zum jetzigen Zeitpunkt ihrer Entwicklung kann Frau F. jedoch verstehen, was ihre ständigen Einmischungen für Martin bedeuten.

# 15 Die Hexe ist im Wandschrank

Während mehrerer Sitzungen spielt Martin, daß er Frau M. in den Wandschrank im Badezimmer steckt. Er spielt, daß er die »böse Hexe« einsperrt; sie kann nicht entfliehen und muß warten, bis sie befreit wird.

Ich staune wieder einmal darüber, was Frau M. alles ertragen kann, und ich habe manchmal Lust, sie zu befreien. Mir scheint, als bestätige Martin hier seine Herrschaft und seine Überlegenheit. Er hat das Recht, allein zu entscheiden, was gemacht wird, das Recht, Frau M. einzusperren. Er macht mich beim Einsperren zur Mittäterin und ist darüber sehr vergnügt.

Zur Abwechslung bittet er mich dann, ihm Geschichten vorzulesen. Das macht mir viel Spaß. Er verlangt, daß die Geschichten immer in derselben Weise vorgelesen werden; er kennt sie sicher auswendig und reagiert sofort, wenn ich zufällig etwas verändere. Mitunter bittet er mich auch, ich solle mir Märchen ausdenken. Ich erzähle dann lange Geschichten, während er seh gut, genau das zu tun, um was er mich bittet, seine Wünsche zu respektieren, und ich bin sogar – und das ist neu für mich – froh darüber. In diesem Augenblick ist Frau M. völlig vom Spiel ausgeschlossen und akzeptiert es ohne weiteres. Sie kommt mir immer zufrieden vor, und das erstaunt mich stets aufs neue . . . Sie fördert diese Annäherung zwischen Martin und mir sogar, die sie für günstig hält, obwohl sie dadurch ausgeschaltet wird.

# Kommentar: Ich akzeptiere es, die böse Mutter zu sein

Indem er mich im Spiel als böse Mutter betrachtet, befreit sich Martin endgültig von den feindseligen Gefühlen gegenüber seiner Mutter und betrachtet sie auch nicht mehr als gefährlich. Frau F. kann also gut und böse sein wie alle Mütter. Martin kann sich gegen die böse Mutter verteidigen und sich über die gute freuen. Er sperrt die Hexe in den Wandschrank und knüpft jetzt gute Beziehungen zu seiner Mutter an, die ihm voller Vergnügen Geschichten vorliest.

# 16 »Er verlangt nach Ihrer Liebe«

Martin denkt sich jetzt sehr verschiedene Spiele aus. Er spielt zum Beispiel im Badezimmer mit Wasser, und es macht ihm ungeheuren Spaß, so zu tun, als mache er mit dem Wasserstrahl aus dem Fläschchen Pipi. Frau M. sagt dazu immer: »Oh, welch schönes Pipi!« Diese Wasserspiele haben nichts mehr mit jenen in der Küche zu tun, wo für Martin das Gute mit dem Schlechten vermischt war und er nie wußte, ob sich im Fläschchen Milch oder Pipi befand. Er zeichnet auch, kocht oder spielt Verstecken. Von Zeit zu Zeit sperrt er Frau M. noch in den Wandschrank. Sie bleibt weiterhin drin, bis Martin sie befreit. Mir scheint, daß er gern mit mir allein sein und eine eventuelle Rivalität zwischen Frau M. und mir ausspielen möchte, die im übrigen nicht existiert.

Niemals, auch nicht für einen Augenblick, hatte ich das Gefühl, daß die Therapeutin mir Schuld zuschrieb oder mir gegenüber aggressiv war. Im Gegenteil, ganz allmählich gelingt es mir, unbefangener mit Martin zu spielen, mich weniger in seine Spiele einzumischen und ihm Vertrauen einzuflößen. Er redet bei den Sitzungen sehr viel über das, was er zu Hause und im Kindergarten tut. Er spricht gern über seine Erfolge. Auch zu Hause widme ich ihm mehr Zeit, aber man bemerkt bei ihm noch einen großen »Durst« nach mir, und das bedrückt mich weiterhin.

So verlangt er wieder einmal am Ende einer Sitzung in Frau M.s Flur beharrlich und ohne Unterlaß »Bonbons« von mir (eine Angewohnheit, die mir schon immer sehr auf die Nerven ging). Dazu sagt mir Frau M. jetzt: »Er verlangt keine Bonbons, er verlangt nach Ihrer Liebe.« Als ich diesen Satz höre, ist mir plötzlich, als zerreiße ein Schleier vor meinen Augen (etwa so wie an jenem Tag, als die so wichtige »Menschenfresser«-Sitzung stattfand), und von diesem Moment an kann ich seine wiederholten Bitten ertragen, ohne stets nachgeben zu müssen. Vorher fühlte ich mich in dem Maße zum Nachgeben gezwungen, wie es mir an Lust dazu mangelte.

Genau von da an kann Martin zum ersten Mal eine Frustration ertragen, die erste Weigerung ohne Geschrei akzeptieren. Zugleich ist in seiner Entwicklung ein Sprung nach vorn zu verzeichnen, wie bei der Entdeckung der Furcht vor dem Verschlingen – eine Entdeckung, die es Martin erlaubte, von einem Tag zum anderen damit aufzuhören, nach Menschen zu schlagen. Während dieser Behandlung wird also ein langer Weg zurückgelegt, eine lange Entwicklung durchlaufen, die durch zwei oder drei entscheidende Sprünge vorangetrieben wird – immer infolge von Äußerungen, die Frau M. in ganz bestimmten, ausschlaggebenden Situationen macht.

Den Satz »Es ist Ihre Liebe, nach der er verlangt« hätte ich vor diesem Zeitpunkt gar nicht gehört und nicht wirklich verstanden. Frau M. hat ihn in eben jenem Moment gesagt, als ich ihn hören und endlich meine Liebesfähigkeit wiederentdecken konnte.

Jetzt ist Martin damit einverstanden, daß Frau M. und ich miteinander reden. Ich bin sehr froh darüber, denn ich bin immer gespannt auf die Erklärungen zu den Sitzungen. Was mir bei diesen Gesprächen einleuchtend scheint, war es im betreffenden Augenblick keineswegs. Ich wollte immer ganz genau wissen, was vorging, aber ganz allein schaffte ich das nicht.

Wir hatten in diesem Jahr eine neue, junge Hausangestellte, die viel Schlimmes von Martin zu erdulden hatte. Ich hatte versucht, ihr begreiflich zu machen, daß er in Behandlung war, daß sich eine Entwicklung angebahnt habe und sie viel Geduld haben müsse. Da sie Martin aber nicht vorher gekannt hatte, konnte sie keinen Fortschritt feststellen und fand ihn nur sehr schwierig. Sein Geschrei, wenn sie ihn baden oder füttern wollte (oder in jeder Situation, in der er gehorchen oder nachgeben sollte), irritierte sie aufs äußerste. Wir waren oft verschiedener

Meinung hinsichtlich dessen, was sie meine Schwäche nannte. Bis die junge Christel eines Tages – mit Erlaubnis von Frau M. – Martin zu seiner Sitzung begleitete. Diese Erfahrung wirkte Wunder. Sie sah Martin nun in einem vollkommen anderen Licht, sie verstand die langsame, geduldige Arbeit, die da in Angriff genommen worden war, sie begriff, was auf dem Spiel stand. Seit diesem Tag setzte sie sich mit ganzer Kraft für den Erfolg der Behandlung ein und ließ ihr Arsenal zur Erziehung eines »gut erzogenen« oder »gehorsamen« Kindes beiseite. Ja, sie begann, ihn zu lieben. Wie das doch mit jenem Augenblick zusammenfiel, von dem ich gerade gesprochen habe, als Martin anfing, Frustrationen zu ertragen und sich zu fügen, so daß alles sehr viel einfacher wurde!

Christel organisierte schöne Abende für die Kinder. Sie entzündete ein großes Feuer im Kamin, sang für sie zu ihrer Gitarre und erzählte ihnen Geschichten. Ein Zauber, eine gewisse Melancholie und viel Zuneigung gingen von diesen abendlichen Zusammenkünften aus, die die Kinder innig liebten. Auch hier fügte sich Martin immer stärker in die Familie ein.

Die Ferien kamen, und es gab keinerlei Probleme. Ein verwandelter Martin reist als erster ganz allein und voller Freude mit seinen Großeltern ab.

Die Erzieherin im Kindergarten, die seine Entwicklung außergewöhnlich findet, schlägt vor, ihn und nur noch zwei andere Kinder unmittelbar in den Grundkurs aufzunehmen. Frau M. zögert anfangs ein wenig, was mich sehr stört, gibt aber schließlich ihre Zustimmung.

# Kommentar: Liebe und Bonbons

Martin sperrt mich noch in den Wandschrank ein. Ich finde das in Ordnung; so kann er weiterhin eine gute Beziehung zu seiner Mutter aufrechterhalten, was ja das Ziel der Therapie ist. Frau F. spricht von Rivalität, weist diese Hypothese aber zum Glück sofort zurück!

Sie wünscht eine ungetrübte Beziehung zu mir und mißt meinen Worten entscheidendes Gewicht bei. Ich habe ihr gesagt, wodurch Martin so spektakuläre Fortschritte gemacht haben könnte, und sie erwartet daher voll Ungeduld meine Erklärungen und Kommentare. Tatsächlich aber haben Martins eigentliche Entwicklung, sein regressives Verhalten während der Sitzungen eine sehr viel größere Rolle für sie gespielt. Die Fortschritte in der Therapie kamen nicht so sehr durch das zustande, was ich der Mutter und dem Kind gesagt habe bzw. durch meine Deutungen, sondern vor allem dadurch, daß Martin sich im Beisein seiner Mutter ausdrücken durfte, damit sie seine bewußten und unbewußten Wünsche und Bedürfnisse verstehen lernte.

Martin fordert etwas Unmögliches: Bonbons sind in dem Augenblick, als er sie verlangt, nicht vorhanden. Die Mutter kann seinen Wunsch nicht erfüllen. Das weiß er und dennoch . . . Dies ist ein gutes Beispiel für die getrübte Beziehung, in der Mutter und Kind noch befangen waren: Martin protestiert, weil er die Bonbons nicht bekommt, die er in Wirklichkeit gar nicht will. Ein auswegloses Spiel, das niemanden befriedigen kann und Mutter und Umwelt zur Verzweiflung bringt.

Seine Forderung ist tatsächlich verschleiert; wonach er verlangt, das ist seine Mutter. Kinder können ihr Verlangen nach der Mutter meist direkt zum Ausdruck bringen: »Heute gehst du aber nicht arbeiten, Mama . . .,« »Jetzt setzt du dich aber hin und schmust mit mir.« Martin kann das nicht sagen; unbewußt hat er erkannt, daß seine Mutter seinem Wunsch nicht nachkommen konnte. Er fordert also Bonbons, die sie ihm nicht geben kann. Die Erklärung, die ich Frau F. gab, leuchtete ihr sofort ein: daß es Liebe ist, die Martin fordert. Sie ist jetzt bereit, ihm Liebe zu geben, und kann sich daher ohne Schuldgefühle weigern, seinen Launen zu entsprechen. Diese durchaus begründete Weigerung brauchte er, um zu einem »vernünftigen« Verhalten zurückzufinden.

Wie zuvor die Erzieherin im Kindergarten ist auch Christel an der Therapie interessiert. Das ist wichtig für das Kind, weil es so den Zusammenhalt mit seiner Umwelt empfindet. Christel fühlte sich zunächst nicht betroffen, bis sie an einer Sitzung teilnehmen konnte. Danach lief alles reibungslos. Nichts kann diese notwendige Erfahrung ersetzen, wenn man sich klarmachen will, was bei einer Behandlung auf dem Spiel steht.

# 17 Lieben ist doch einfach

Erneuter Ortswechsel. Diesmal empfängt uns Frau M. zu Hause. Die Wohnung ist gemütlich, hell, das Wartezimmer groß mit einem Fenster, das eine ganze Wand ausfüllt, mit bequemen Sesseln und einem hölzernen Schaukelpferd (das Martin zu seinem großen Kummer später zerbrechen wird). Das Zimmer, in dem die Sitzungen stattfinden, ist kleiner, wärmer. Die Spielsachen, die es hier gibt, sind faszinierend: ein traumhaftes Puppenhaus mit kleinen Puppen, Marionetten, ein richtiges Kinderbettchen (Wiege) aus Holz, Schubkästen aus Holz, um all die kleinen Spielsachen zu verstauen. In diesem Zimmer fühlen wir uns wirklich wie zu Hause und haben keine Angst, etwas zu beschädigen. Eine kleine Kanone wird von Martin als Lieblingsspielzeug ausgewählt. Aus dieser Kanone schießt er kleine Plastikpfeile. Frau M. muß sie ihm jedesmal wiederbringen. Er vergnügt sich jetzt ohne die geringste Angst und schießt nicht um zu töten, sondern um zu zielen, wohin er will. Man fühlt, daß er nun Herr seiner Wünsche ist, und hat nicht mehr den Eindruck, als sei er lediglich das Opfer seiner unkontrollierten Phantasien.

Zu der Zeit unterhielt ich mich eines Tages mit Martin im Wagen über sein Leben im Kindergarten und zu Hause und über die Veränderungen, die er in sich spürte. Dabei tat er den Ausspruch, der in der Familie später immer wieder zitiert wurde: »Mama, die Psychotherapie hat mir meine Kraft gegeben.« Und er setzte hinzu: »Weißt du, die nervösen Kinder machen die ganze Welt nervös ...« »Dieser Gedanke wäre eines Psychoanalytikers würdig«, sagte mein Mann später!

Er bittet selbst darum, nur noch einmal in der Woche kommen zu dürfen. Frau M. hatte mir zu Beginn der Behandlung angekündigt: »Sie werden sehen, daß er selbst wissen wird, wann die Therapie aufhören muß.« Ich gebe zu, daß ich das nicht geglaubt hatte.

Jetzt hat er in der Schule Erfolg. Er ist glücklich, mag seinen Lehrer, aber obwohl er sich sehr bemüht, ist seine Schrift immer noch sehr unsauber. Die Beziehungen zu seinen Kameraden sind gut; er ist zwar der Jüngste, hat aber keine Minderwertigkeitsgefühle.

Was mich an der Therapie am meisten beeindruckt, ist ihr angenehmer, leichter Verlauf. Verwundert entdecke ich, daß meine bisher vergeblichen Bemühungen, alles gut zu machen, von selbst und ohne Schwierigkeiten aufgehört haben, nachdem ich mein inneres Gleichgewicht wiedergefunden habe.

Diese Bemühungen, auf die ich mir soviel zugute gehalten hatte – mich viel mit Martin zu beschäftigen, eine »gute Mutter« zu sein – hatten keinerlei Erfolg. Auch Martin bemühte sich, »lieb« zu sein, ebenfalls ohne Erfolg. Wie durch ein Wunder fiel es mir nun durch diese Therapie der Wiederherstellung leicht, mein Kind zu lieben. Ganz sacht ist dieses Ziel erreicht worden. Allerdings hatte ich mancherlei in Frage stellen, mich mit meiner Aggressivität, meiner Neigung zur Einmischung und mit der Angst, die Martin vor mir gehabt hatte, schmerzlich auseinandersetzen müssen. Aber ich wurde während der ganzen Zeit der Suche und Wiederherstellung von Frau M. gestützt. Das war kein absichtliches Bemühen, sondern ein langsames Durcharbeiten, das von mir nur Klarheit, Anerkennung dessen, was ich nicht bezweifelte, und – wie ich zugeben muß – ein wenig Bescheidenheit verlangte.

## »Das alles ist lange her . . .«

Eines Tages beschließt Martin während der Sitzung, sich wieder mit den Marionetten zu beschäftigen, um die er sich nicht mehr gekümmert hatte, seitdem er die Bambi-Geschichten erfunden hatte.

Er erklärt uns, daß er Rotkäppchen spielen wolle. Tatsächlich erzählt er uns den ganzen Handlungsablauf, und die Geschichte endet ohne jede Abmilderung mit dem Tode Rotkäppchens, das vom Wolf verschlungen wird, ohne wieder zum Leben erweckt zu werden. Frau M. und ich schauen uns an. Mich beunruhigt der Gedanke, daß Martin noch immer von seinen Verschlingungsängsten bedrängt wird und daß er keine andere Lösung finden konnte . . . Doch nun sieht uns Martin mit leuchtenden Augen und strahlender Miene an und schließt: »Aber das alles ist lange her.« Frau M. macht mich in diesem Augenblick darauf aufmerksam, daß Martin von seiner Psychotherapie erzählt, einer vergangenen, abgeschlossenen Zeit, von der er sich endgültig befreit hat.

Nach dieser Sitzung kamen wir nur noch alle vierzehn Tage, jedesmal auf Wunsch Martins. Er fing an, sich mit Frau M. im Zimmer einzuschließen, während ich hinausgehen mußte, damit er mit ihr allein sein konnte. Wir beschließen gemeinsam, es sei an der Zeit, daß Martin allein ins Zimmer geht und ich im Wartezimmer bleibe. Martin sagte mir später, er habe die Tür abgeschlossen, damit ich nicht wieder hereinkäme, aber auch um sicher zu sein, daß Frau M. nicht hinausginge. Er ist jetzt im Verhältnis zu mir vollkommen autonom. Ich glaube zu hören, daß sie zusammen Ball oder mit der kleinen Kanone spielen. Doch es ist seltsam: Diese Entscheidung ist genau in dem Moment gefallen, als ich Lust verspürte, allein zu sein, ruhig im Wartezimmer zu sitzen und zu lesen oder zu stricken, d. h. in dem Moment, als ich keine Lust mehr hatte, zu helfen oder mich einzumischen.

Auch hier wieder hat die Behandlung gewirkt, ohne Wunden zu hinterlassen. Sie hat Martin und mich dazu geführt, zu glei cher Zeit seine Autonomie zu wünschen. Er hat sich nun von mir gelöst und ist mir dennoch so herzerquickend nahe.

Nach etwa einem Monat entscheiden wir alle drei gemeinsam, daß die Behandlung beendet werden kann (übrigens endet auch meine Psychotherapie). So findet nun eines Tages vor Ostern unsere letzte Sitzung statt. Martin und ich erleben es mit gemischten Gefühlen. Wir sind überaus glücklich, daß die Behandlung beendet ist, haben das Gefühl, ein freies Leben gewonnen zu haben, doch gleichzeitig stimmt uns die Vorstellung ein wenig melancholisch, eine so schöne Gewohnheit aufgeben zu müssen.

Martin geht es übrigens wunderbar. Zu Hause ist er freundlich, in der Schule gut angepaßt, glücklich, mit einer rührenden Freude am Lernen.

Die einzigen Symptome, die fortbestehen, sind die Schwierigkeiten beim Essen neuer Gerichte (diese verschwinden nur sehr langsam und sehr viel später) und, was schlimmer ist, sauber und ohne zahllose Streichungen zu schreiben. Diese zweite Schwierigkeit ist im folgenden Jahr nach einem Gespräch, das ich mit Martin führe und ihm dabei meine Besorgnis hinsichtlich seiner Schrift mitteile, vollkommen behoben. »Wenn du dir deswegen Sorgen machst, Mama, dann werde ich jetzt gut schreiben!« Ohne daß er sich merklich anstrengte (und ohne daß ich es besonders mit ihm geübt hätte, wie mir manche geraten hatten), wurden seine Hefte ordentlich. Wie das geschehen ist, weiß ich nicht, ebensowenig wie ich begreife, weshalb ich schließlich meine Examina bestand, nachdem ich vorher so oft versagt hatte.

Wenn ich diese ganzen Aufzeichnungen noch einmal lese, stelle ich fest, daß meine Erinnerungen an Martins Leben zu Hause sehr viel verschwommener sind als jene, die sich auf die Therapie beziehen. Es steht fest, daß Martin dank dieser Behandlung für mich sehr lebendig, wirklich und konkret geworden ist. Ich konnte mir endlich klarmachen, was er wirklich, äußerlich und innerlich, war: ein beseeltes, ausdrucksvolles Antlitz, ein schlanker, biegsamer, elastischer Körper, eine strahlende, einfühlsame Intelligenz, ein zartfühlendes Interesse für andere, eine aus echter Güte geborene Sensibilität. Frau M. hatte dies trotz seiner Aggressivität von Anfang an erkannt, und sicher hat dies Martin ermöglicht, sich so zu zeigen, wie er war, und mir, es zu entdecken.

Die in mir vorgegangene Veränderung, Martins erfreuliche Entwicklung, der Wandel in unseren Beziehungen haben mich auf die Idee gebracht, daß ich durch diese Erfahrung anderen Müttern, die dasselbe Drama durchleben, helfen könnte, indem ich meine Erinnerungen niederschreibe. Das ist der Grund für die Entstehung dieses Buches.

# Kommentar: Martin hat sich von seiner Mutter gelöst

Während der ganzen Therapie und auch in ihrem ganzen Bericht hat sich Frau F. immer wieder sehr ehrlich in Frage gestellt. Aufgrund dieser Einstellung konnte die Therapie ihren Fortgang nehmen, und wir konnten das Buch in vollkommenem Einvernehmen schreiben.

Als Martin uns die Geschichte Rotkäppchens erzählt, frage ich mich für einen Augenblick, ebenso wie seine Mutter, ob er nicht wieder zu seinen Verschlingungsproblemen zurückkehrt. Aber Martin berichtet uns nur scharfsinnig anhand eines Beispiels den Verlauf seiner Therapie. Er zeigt uns damit, daß er sich von dieser Vergangenheit vollkommen gelöst hat. Er vollendet diese Loslösung nun, indem er sich auch körperlich von seiner Mutter trennt: Er geht allein ins Behandlungszimmer. Er hat seine Unabhängigkeit von ihr genau in dem Moment erlangt, als sie es ertragen kann. Er muß sich jetzt nur noch von mir lösen.

Die Therapie kann nun ohne Schwierigkeit zu Ende gehen. Martin entscheidet im Einvernehmen mit mir, wann sie aufhören soll.

Die Behandlung ist erfolgt, ohne daß ich mit Deutungen im psychoanalytischen Sinne eingegriffen hätte. Ich habe lediglich im geeigneten Moment »weiterführende« Kommentare beigesteuert.

Ich habe Martin vollkommenes Vertrauen entgegengebracht, und auch seine Mutter hat schließlich gelernt, ihm zu vertrauen. Er selbst kann uns jetzt alle seine Schätze enthüllen.

# Nachwort

Die folgenden Zeilen hat Martin spontan niedergeschrieben, als er dreizehn Jahre alt war – sieben Jahre nach der Beendigung seiner Psychotherapie.

Er hat dieses Buch, das seine Geschichte enthält, nicht gelesen. Er hat vielmehr seine eigenen Erinnerungen heraufbeschworen, die vielleicht durch einige Gespräche mit seiner Mutter bereichert worden sind.

# Martins Eindrücke und Erinnerungen

Früher war ich unglücklich. Ich hatte das Gefühl, »anders zu sein als die anderen«. Sie waren mir fern und verschieden von mir. Wenn sie sich mir näherten, schlug ich sie. Trotzdem hatte ich den Wunsch, daß sie sich mir nähern, in meine Welt eindringen, mich verstehen sollten. Mit meinen Kameraden war es genauso: Ich wollte mit ihnen spielen, aber – ich weiß nicht warum – ich schlug sie.

Eines Tages sagte Mama zu mir: »Mein kleiner Martin, möchtest du gern eine Dame kennenlernen, die dir hilft, nicht so oft wütend zu sein, sondern freundlich und glücklich?«

»Was macht man denn bei dieser Dame?«

»Ich glaube, daß du dort spielen kannst, was du willst.«

»Wenn man dort spielen soll, dann möchte ich es gern.«

Als ich zum ersten Mal zu Frau M. kam, sah ich eine rotblonde, sehr große Dame, die mir zu meinem Erstaunen erklärte, ich könne spielen, wozu ich Lust hätte. Ich sah mich um. Die Wände waren weiß. Auf dem Teppichboden lagen kleine Läufer, es gab eine Kiste mit Marionetten und ein Theater, ein großes Bett und ein Spielzeugtelefon. Das nahm ich sofort und amüsierte mich damit. Diese Erinnerung bezieht sich nicht nur auf den ersten Tag, sondern auch auf alle anderen Male. Denn Frau M. war immer groß und rotblond, die Wände waren immer weiß, die Gegenstände waren immer da, und ich spielte immer mit dem Telefon.

Ich erinnere mich auch, daß ich Cowboy und Indianer spielte. Wenn wir zu dritt waren, wollte ich allein gegen die beiden anderen kämpfen. Ich entschied, wer Sieger sein sollte, und da ich nicht gern verlor, war ich der Gewinner. Ich war ganz erstaunt, daß ich alles entscheiden durfte.

Um mir diese Macht zu bestätigen, wollte ich ein anderes

Spiel spielen. Ich sagte Frau M., ich wolle mit den Marionetten spielen. Natürlich stimmte sie sofort zu, und ich war jetzt überzeugt, daß ich tun konnte, was ich wollte. Diese Macht gab mir Sicherheit. Da ich anderen befahl, konnten sie mir keine Angst machen.

Und das waren meine Marionettenspiele: Ich hatte einen Wolf, ein Krokodil, einen Fuchs, einen Mann und eine Frau. Der listige Fuchs verteidigte die Menschen gegen den Wolf und das Krokodil, die sie fressen wollten. Er führte sie zum Beispiel in ein für sie gefährliches Sumpfland. Meistens stellte ich den Wolf und das Krokodil dar. Es machte mir großen Spaß, den Rachen des Krokodils aufzureißen und zu schließen. Die Krokodilrolle hat mich sehr angeregt, und später stellten die kleinen Läufer auf dem Teppichboden ihrerseits Krokodile dar. Sie griffen Mama und Frau M. an, die sich auf ihre Insel (das Bett) flüchteten und die Füße über das Wasser (den Teppichboden) hielten; ich verteidigte sie. Vorher war ich das angreifende Krokodil, und jetzt bin ich der Verteidiger.

Dieses Spiel hat mich sehr beeindruckt, und ich erinnere mich deutlich daran. Eine ebenso starke Erinnerung habe ich an die Zeit, als ich wünschte, daß meine Mutter den Raum, in dem die Sitzungen stattfanden, verlassen und im Wartezimmer bleiben sollte. Ich blieb mit Frau M. allein und schloß mich sogar mit ihr ein. Indem ich meine Macht noch stärker ausnutzte, konnte ich fordern, daß meine Mutter nicht vor dem Ende der Sitzung hereinkäme, und ich wußte, sie würde mir gehorchen.

Welch ein herrliches Erlebnis, wenn einem die Mutter gehorcht! Meine Spiele wurden immer friedlicher. Manchmal zeichnete ich, und ich gewährte dann meiner Mutter eine kurze Audienz, damit sie mein Werk betrachten konnte. Sobald sie es gesehen hatte, befahl ich ihr hinauszugehen.

Am Ende der Psychotherapie fühlte ich mich befreit und leicht. Meine Mutter verstand mich; ich konnte endlich mit ihr reden. Meine Kameraden hatten mich gern, und wir spielten stundenlang zusammen.

Jetzt, einige Jahre später, liebe ich sehr verschiedene Dinge: die Musik (ich spiele Geige), die Astronomie (ich bin Mitglied in einem Club), Literatur, Kunst; ich spiele Schach, treibe Sport (Volleyball, Tennis) und viele andere weniger originelle Aktivitäten, zum Beispiel zur Schule gehen und fernsehen . . .

Ich bin wirklich wie die anderen. Ich bin ruhig, sicher, glücklich und frei.

# Glossar

## Aggressivität

»Die Aggressivität ist ebenso wie der Hunger und die Sexualität Ausdruck eines normalen Instinkts. Sie kann jedoch in den ersten Lebensjahren auf schlecht beherrschte Konflikte hinweisen.«[1]

Die Unterscheidung zwischen Bekundungen von Aggressivität, die ein normales Element der Reifung darstellen, und solchen, bei denen es sich um eine Verhaltensstörung handelt, kann sehr schwierig sein.

Im ersten Lebensjahr manifestiert sich die Aggressivität häufiger durch Schreien und Erregungszustände. Auf diese Weise kann der Säugling sein Unbehagen (seinen Mangelzustand) zum Ausdruck bringen, wenn seine Grundbedürfnisse, d. h. sein Bedürfnis nach Zuneigung wie nach Nahrung, nicht sofort befriedigt werden.

Später äußert sich die Aggressivität als »Oppositionskrise«. Das ist die Phase des »Nein«, ein notwendiges Reifungs- und Entwicklungsstadium, durch das das Kind seine Autonomie erringt.

Neben Manifestationen, die man als normal betrachten kann, erreicht die Aggressivität mitunter ein Ausmaß und einen Charakter, die die Eltern veranlassen können, sich beraten zu lassen, wie beispielsweise im Falle Martins.

Die Wutanfälle des Kindes können also sehr verschiedene Bedeutungen haben. Manche Ausbrüche können zum Beispiel als wohltätig betrachtet werden: etwa jene, die P. Mâle und A. Doumic-Girard als »gesunde« Wut bezeichnen, weil sie die autonome Entwicklung und »heilsame« Wut widerspiegeln, wenn

1 P. Mâle, A. Doumic-Girard, a. a. O.; siehe S. 31.

sie dem Kind ermöglichen, sich zum Beispiel gegen allzu große elterliche Rigidität zur Wehr zu setzen.

Aber es gibt auch destruktive Wutanfälle, bei denen eine unbeherrschte Aggressivität zum Durchbruch kommt, oder solche, die dem Kind einen sekundären Lustgewinn verschaffen (Befriedigung von Machtgelüsten), und schließlich Wutanfälle, in denen sich eine unerträgliche Frustration (Trennung, Kinderkrippe) Luft macht.

## Gut und Schlecht

Für das kleine Kind ist jede Empfindung, sei sie angenehm oder unangenehm, mit seiner Mutter verknüpft. Für die gute Entwicklung des Säuglings ist es von wesentlicher Bedeutung, daß er zunächst das Gute als gut einordnen kann. Von daher ist es wichtig, daß das erste Bild der Mutter gut ist, d. h. sie muß Sicherheit und Beruhigung ausstrahlen und die Bedürfnisse des Säuglings befriedigen.

Erst wenn das Kind das Gute kennt, kann es das Schlechte erkennen und das eine vom anderen unterscheiden.

Ein Ziel der Therapie besteht darin, dem Kind zu helfen, das Gute in seiner Mutter wiederzufinden, und ihm dann zu ermöglichen, das, was sie an Gutem und Schlechtem für das Kind in sich trägt, zu unterscheiden.

## Kastration

Dieser Terminus kann auf zweierlei Art verstanden werden: als reale Kastration und als symbolische Kastration.

Kastration im allgemeinen Sinne bedeutet die Entfernung von Geschlechtsorganen. Im psychologischen Sinn hat das Wort eine umfassendere Bedeutung:

1. Entfernung eines realen Objekts, zum Beispiel

- die plazentare Kastration, d. h. das Durchtrennen der Nabelschnur und der Verlust der Plazenta bei der Geburt;

- die orale Kastration, d. h. die Verweigerung der Brust bzw. die Entwöhnung;
- die anale Kastration, d. h. das Akzeptieren der Sphinkterkontrolle.

2. Verzicht auf einen Wunsch oder symbolische Kastration:
- die primäre Kastration, d. h. das Akzeptieren des eigenen Geschlechts und der Verzicht auf das andere; zu wissen und anzuerkennen, daß man nur einem Geschlecht angehört;
- die sekundäre Kastration, d. h. das Akzeptieren des Inzesttabus, der Verzicht auf den Vater, wenn man ein Mädchen, und auf die Mutter, wenn man ein Knabe ist.

## Die ödipale Krise

Zwischen dem dritten und sechsten Lebensjahr wird dem Kind allmählich sein eigenes Geschlecht bewußt. Es weiß, daß es ein Knabe oder ein Mädchen ist, und es weiß auch, welchem Geschlecht die Personen seiner Umgebung angehören. Mit diesem Bewußtwerden geht einher, daß seine affektiven Erfahrungen zunehmen und komplizierter werden. Das ist die Phase des »Ödipuskomplexes«, der auf den berühmten griechischen Mythos Bezug nimmt: Ödipus, der als Kind ausgesetzt wurde, begegnet dem Laios und tötet ihn, ohne zu wissen, daß dieser sein Vater ist, und heiratet dann Jokaste, ohne zu wissen, daß diese seine Mutter ist.

Freud hat gezeigt, daß das tragische Schicksal des Ödipus das Sinnbild für eine entscheidende Entwicklungsstufe der kindlichen Sexualität darstellen könnte.

Um es am einfachsten zu erklären, kann man sagen, daß sich das Kind dem gegengeschlechtlichen Elternteil liebend zuwendet und ihn ausschließlich besitzen möchte.

Doch die Realität steht seinem Verlangen im Wege, denn der andere Elternteil spielt bereits die Rolle, die es anstrebt, und wird so zum lästigen Rivalen, den es auszuschalten versucht.

Normalerweise kann die Tatsache, daß die Eltern ein Paar

bilden, durch die Gefühle des Kindes nicht verändert werden. Außerdem liebt das Kind auch weiterhin den Elternteil, dessen Rivale es ist, und es fühlt sich daher vielleicht schuldig, weil es ihm feindselige Empfindungen entgegenbringt.

Die Situation wird vom kleinen Jungen und vom kleinen Mädchen nicht auf die gleiche Weise erlebt. Die Art der Bindung des Kindes an seine Mutter modifiziert das ödipale Dreieck entsprechend dem Geschlecht des Kindes; jedes Kind, ob Knabe oder Mädchen, reagiert entsprechend dem »Wesen« des eigenen Geschlechts. So macht sich beispielsweise der kleine Junge zum Beschützer der Mutter, während das kleine Mädchen den Vater zu verführen versucht.

Dieser Konflikt, der sehr intensiv erlebt wird, löst sich in der Regel, indem er von der Situation überholt wird. Ohnmächtig, sein Verlangen zu befriedigen, nämlich Vater und Mutter zu trennen, um einen von ihnen ausschließlich zu besitzen, findet das Kind sein Vergnügen nun darin, dem Elternteil zu ähneln, den es nicht ausschalten kann. So setzt es sich in positiver Weise an seine Stelle, und das ist durchaus im Sinne der Entwicklung des Kindes.

Diese Änderung des Verhaltens schreitet langsam voran. Zwischen dem fünften und sechsten Lebensjahr hat das Kind im allgemeinen einen Teil seiner Konflikte gelöst; es hat das Geschlecht akzeptiert, dem es angehört, und sich mit dem Modell »identifiziert«, das der entsprechende Elternteil und die anderen gleichgeschlechtlichen Erwachsenen anbieten.

Mit dem Herannahen der Pubertät wird der ödipale Konflikt zur gleichen Zeit wiederbelebt, wie sich die genitale Sexualität festigt. Diesmal wird die Reaktion des Heranwachsenden in der Autonomie, der Loslösung von den Eltern und einem eigenen Liebesleben bestehen.

## Phantasien

Produktionen der Einbildungskraft, seien sie bewußt oder unbewußt, können die Ursache bestimmter Verhaltensweisen des Kindes sein.

Es gibt zerstörerische und heilende Phantasien. Mitunter sind sie mit der Realität vermischt, doch ist es wichtig, sie davon genau zu unterscheiden. Phantasien sind von wesentlicher Bedeutung, um realen Frustrationen entgegentreten zu können; hier kann man sich alles erlauben.

In der Therapie begünstigt man das Auftreten mehr oder weniger verdrängter Phantasien, durch die sich das Kind von dem, was es bedrückt, befreien und sich damit »wiederherstellen« kann.

## Frustrieren

Auf die Befriedigung von Bedürfnissen oder Wünschen warten lassen oder sie überhaupt nicht befriedigen.

## Identifizierung

Sich mit einem anderen identifizieren, heißt, sich ihm durch ein einzelnes Merkmal oder auch durch mehrere ähnlich machen. Identifizierung bedeutet die Übernahme des Verhaltens anderer.

Bei der ersten Form der Identifizierung, der Identifizierung mit einem Liebesobjekt, verinnerlicht das Kind einen Teil der Charaktereigenschaften oder des Verhaltens des geliebten Objekts.

Die zweite Form der Identifizierung ist die Identifizierung mit einem Dritten. Das Individuum identifiziert sich nicht mit dem geliebten Objekt, sondern mit einem Dritten, der das gleiche Interesse hat.

Die dritte Form der Identifizierung ist die Identifizierung mit dem Aggressor. Das Kind wehrt sich gegen traumatisierende Erlebnisse, indem es – jedoch in aktiver Weise – das Erlittene wiederholt. Indem es im Spiel gegenüber einem anderen oder gegenüber einer Puppe die Rolle des Arztes oder Zahnarztes, der ihm wehgetan hat, übernimmt, kann es ihm gelingen, die Situation zu verinnerlichen und ihrer Herr zu werden.

## Das Unbewußte

Unter dem Unbewußten versteht man das, was sich dem Bewußtsein entzieht. Es besteht aus unbewußten Gefühlen, Ideen, Vorstellungen, Phantasien. Es gibt dynamische Prozesse, die unabhängig vom Willen auf unser Verhalten einwirken; einige dieser Elemente können die Ursache von Neurosen sein. Sie können bewußt oder wenigstens vorbewußt werden, wenn sie sich durch Träume oder im Verlauf einer Psychotherapie manifestieren und dadurch aufhören, neurotische Symptome hervorzubringen.

## Reifung

Ein physiologischer wie auch psychologischer und affektiver Prozeß, bei dem das Kind von der »absoluten Abhängigkeit« des Säuglings zur »relativen Abhängigkeit« des Kindes (Winnicott) und schließlich zur Autonomie des Erwachsenen voranschreitet.

Die verschiedenen Formen der Entwicklung, vornehmlich der neurologischen, sensorischen, intellektuellen, verbalen und affektiven, überschneiden sich ständig und wirken aufeinander ein. Die Reifung hängt zum großen Teil von den Beziehungen ab, die das Kind zu seiner Umwelt und in allererster Linie zu seiner Mutter herstellt.

## Projizieren

Anderen Gefühle, Wünsche und Konflikte zuschreiben, die man in Wirklichkeit selbst hat.

Nach einem ersten Gespräch entscheidet der Psychotherapeut aufgrund seiner Erfahrung, ob eine Psychotherapie angezeigt ist oder nicht.

Es kommt nicht unbedingt auf die Schwere oder die Anzahl der Symptome an: Bei vielen Symptomen – Alpträumen, Aggressivität, Phobien, rituellem Verhalten usw. – kann es sich um eine vorübergehende Abwehr handeln, die die Entwicklung des Kindes nicht behindert.

Alles hängt vom persönlichen und familiären psychologischen Zusammenhang ab, in dem diese Symptome aufgetreten sind.

Ist die Entscheidung getroffen, sind die Modalitäten des Eingreifens vielfältig, doch zu jeder Therapie gehört, daß sich zwei Personen regelmäßig treffen, die eine Beziehung unterhalten. In dieser Beziehung bringt das Kind sein Innenleben nicht nur durch die Sprache, sondern auch durch Zeichnen, Spielen, Malen, Modellieren, dramatische Improvisation zum Ausdruck. Der Psychotherapeut versucht zu verstehen, was das Kind mit diesen verschiedenen Ausdrucksformen sagen will.

Ohne daß es dessen wirklich gewahr wird, wird das Kind auf diese Weise veranlaßt, seine Konflikte, seine Schwierigkeiten, sein Leiden, seine Beziehungen zu anderen zum Ausdruck zu bringen.

Für das Kind handelt es sich nicht nur um einen befreienden symbolischen Ausdruck. Tatsächlich wird der Psychotherapeut, sobald er verstanden hat, um was es sich handelt, dem Kind gegenüber regelrechte Informationsarbeit leisten, indem er ihm hilft, die in seinen Worten und Spielen enthaltenen Elemente besser zu erfassen und die Situation zu klären, wobei er auf das hinweist, was in der Realität seines täglichen Lebens vor sich geht.

Der Psychotherapeut kann aber auch mit psychoanalytischen Deutungen arbeiten, bei denen das Gewicht auf unbewußten Aspekten des kindlichen Lebens liegt, die mit libidinösen oder aggressiven Trieben verbunden sind.

Im Fall Martins hat die Psychotherapeutin vor allem die »reparative« Technik benutzt, die Alice Doumic beschreibt (siehe Vorwort, S. 9). Doch welche Methoden auch angewandt werden, die wesentlichen Elemente, um eine therapeutische Situation zu schaffen, sind die psychologische Einstellung des Therapeuten, seine Verfügbarkeit, sein Zuhören.

Der Rhythmus der Sitzungen wird von der Schwere der Konflikte und auch von den materiellen Möglichkeiten des Kindes, der Eltern und des Psychotherapeuten bestimmt. Oft erweist es sich als notwendig, vor allem bei einem kleinen Kind, die Sitzungen sehr rasch aufeinanderfolgen zu lassen, d. h. mindestens zwei und mitunter bis zu fünf Sitzungen in der Woche vorzusehen. Im umgekehrten Fall kann eine einzige Sitzung genügen, um eine Situation zu entkrampfen.

Die Gesamtdauer einer Psychotherapie ist völlig verschieden, doch kann man als Mittelwert etwa ein Jahr annehmen.

## Regression

Rückkehr zu einem früheren, bereits durchlebten psychischen oder affektiven Entwicklungsstadium. Die Regression wird vom Therapeuten als Reparationstechnik benutzt oder sogar bewußt herbeigeführt. Sie ermöglicht es dem Kind, unter günstigen Bedingungen eine Entwicklungsstufe, die es schlecht bewältigt oder verfehlt hat, in symbolischer Weise oder sogar real neu zu erleben.

Im übrigen ist zu bemerken, daß das Abwechseln von progressiven und regressiven Phasen beim Kind eine normale Entwicklungsmodalität darstellt.

## Entwöhnung

Zu Beginn des Lebens sind Überleben und Wohlbefinden des Kindes und sein Verhältnis zur Nahrung verschmolzen. Doch sehr bald schon löst sich das Bedürfnis, um des Überlebens willen ernährt zu werden, vom Bedürfnis nach liebevollem Austausch, nach geteiltem Vergnügen. Das Kind möchte gehalten, gewiegt und liebkost werden. Es möchte den Geruch seiner Mutter wahrnehmen, spüren, wie die Milch mit der richtigen Temperatur fließt.

Man kann leicht sehen, daß in dieser Phase Schwierigkeiten auftreten können, wenn der Mutter das Stillen schwerfällt, wenn sie müde ist, wenn sie keine Lust hat oder wenn sie sich nicht die Zeit nimmt, ihr Kind zu liebkosen, es zu wiegen, mit ihm zu sprechen.

Etwas später folgt auf die allmähliche Auflösung der engen körperlichen Mutter-Kind-Beziehung, welche die Entwöhnung bedeutet, in immer stärkerem Maße ein Austausch, der präverbal ist. Das Kind hört auf, einen »Brust-Mund« oder einen »Flaschen-Mund« zu haben, um zu einem »Wort-Mund« zu gelangen, wie es Françoise Dolto genannt hat. So wird verständlich, daß gewisse Sprachschwierigkeiten ihre Wurzel in Entwöhnungsproblemen haben. Man nimmt dem Kind ein Vergnügen, das des Saugens, und ermöglicht ihm so, ein höheres Niveau der Entwicklung seiner Persönlichkeit zu erreichen: den Zugang zur Sprache. Das Kind mag dies als schmerzlich empfunden haben; die Entwöhnung kann schwierig oder brutal vor sich gegangen und mit beiderseitigem Mißvergnügen verbunden gewesen sein. Umgekehrt kann die Entwöhnung aber auch gut gelungen sein und das Kind problemlos auf eine höhere Stufe seiner Entwicklung geführt haben.

## Übertragung

Die Gesamtheit der positiven und negativen Gefühle, die das Kind auf seinen Therapeuten projiziert und dank derer es regredieren, eine gewisse Anzahl von Situationen und Konflikten wiedererleben und sich dann »wiederherstellen« kann. Der Therapeut wird bereits erlebte Gefühle fördern, die sich dank seiner neutralen Einstellung nun in anderer Richtung entwickeln können.

Die Originalausgabe erschien unter dem Titel
»Martin – un enfant battait sa mère«
im Verlag Jean-Pierre Delarge, Paris

Printed in Germany 1984
Umschlag: Heinz Edelmann
Satz und Druck: Hieronymus Mühlberger, Augsburg

CIP-Kurztitelaufnahme der Deutschen Bibliothek

**Frédéric, Hélène:**
Martin: e. Kindertherapie /
Hélène Frédéric; Martine Malinsky.
Aus d. Franz. übers. von Hilde Weller. –
Stuttgart: Klett-Cotta, 1984. –
Einheitssacht.: Martin – un enfant battait sa mère ⟨dt.⟩
ISBN 3-608-95138-5
NE: Malinsky, Martine:

# Michel Zlotowicz
# Warum haben Kinder Angst?

Aus dem Französischen übersetzt von Rainer Redies
Konzepte der Humanwissenschaften/Angewandte Wissenschaft
1983. 208 Seiten, kart., ISBN 3-608-93057-4

Angst gehört wesentlich zum Menschen; sie hat ihre Wurzeln in seiner animalischen Natur. Auch Tiere kennen Angst. Während aber ihr Verhalten u. a. von angeborenen Furchtreflexen bestimmt ist, ist die Angst bei Kindern mit dem sozialen Bereich (Familie und Gesellschaft) verbunden und zentriert um das Erlebnis von Zerstörung, Schuld und Trennung. Trennungsängste zum Beispiel spiegeln sich wider in der Furcht, sich zu verirren. Sie äußern sich in Vorstellungen des Entführtwerdens durch Räuber und Gespenster. In diesen Ängsten verarbeitet das Kind die Erfahrung, daß auch das Leben von Erwachsenen bedroht ist. Der Autor interpretiert Äußerungen, in denen sich die Angst der Kinder um ihre Eltern ausdrückt; sie alle lassen sich durch Trennungsängste erklären.

Der Furcht vor Schmerz entsprechen abstrakte Symbole, die von Kindern nicht verstanden werden, oder Alpträume, in denen »wilde Tiere vorkommen«, die ihnen »weh tun«. Viele der vom Autor befragten Kinder erzählten von Ratten, »die uns auf den Rücken steigen und die Haut abfressen«, oder von Elefanten, »die uns zermalmen«.

Die physische Integrität erscheint weiter bedroht von der Furcht zu fallen oder ausgesetzt zu werden. Hieraus ergeben sich diffuse Ängste, die auch den gewaltsamen Tod einschließen. So ist dieses Buch einerseits eine Anthologie der Ängste, die Kinder im Lauf ihrer Entwicklung zu erleben oder zu erleiden haben. Andererseits aber bietet es eine Hilfe zur Milderung dieser Furchtvorstellungen, indem es ihre Wurzeln erklärt.

**Klett-Cotta**

**Jeanne Van den Brouck**
# Handbuch für Kinder mit schwierigen Eltern

Aus dem Französischen übersetzt von Rainer Redies
3. Aufl. 1982. 131 Seiten, engl. brosch., ISBN 3-608-95132-6

»Das Neugeborene hat überhaupt keine Verantwortung. Es wird sogleich in die Obhut unzähliger Spezialisten genommen, deren Aufgabe es ist, seine Bedürfnisse und Wünsche aufzuspüren und zu befriedigen. Die neugeborenen Eltern hingegen trifft die volle Last der Verantwortung. Sie werden schlagartig unter einer Lawine von Gefühlen, Ängsten und Ratlosigkeit begraben, ganz zu schweigen von den praktischen und materiellen Problemen, die auch nicht gerade klein sind.

Wer also Wert darauf legt, seinen Eltern ein einigermaßen gutes Kind zu sein, wer sie anständig behandeln und korrekt erziehen will, der muß sich diese Umstände immer vor Augen halten. Es bedarf unerschöpflicher Geduld und Nachsicht, unerschöpflichen Fingerspitzengefühls und auch der Achtung, die man dem Schwachen schuldet; denn alles hängt davon ab, wie man seine Eltern in den ersten Wochen behandelt ...«

*Aus dem Vorwort*

»Durch diese herrliche Umkehrung der Perspektiven gewinnen die Beziehungen zwischen Eltern und Kindern, die offenbar so schwer belastet sind, eine Wahrhaftigkeit, die nur ansteckend wirken kann ... Und das mit einem Ingredienz, das sich in unserer Zeit immer rarer macht: mit Humor.« *Le Figaro*

**Klett-Cotta**